JN100544

関東・東北戊辰戦役と国事殉難戦没者

――上州・野州・白河・二本松・会津などの事例から――

今井昭彦

奥州「母成峠の戦い」での「東軍殉難者埋葬地」
（福島県・安達太良山・母成峠）

御茶の水書房

はしがき

前著『幕末維新と国事殉難戦没者―江戸・水戸・上信越・京都などの事例から―』（2023）は、昨年一月に九八歳で鬼籍に入られた、恩師の故森岡清美先生（大正一二年生まれ、元成城大学名誉教授）へ捧げる一冊であった。また私にとっては、七回目の「レクイエム」（鎮魂歌）でもあった。

そして、本書は四〇余年前の、森岡・今井「国事殉難戦没者、とくに反政府軍戦死者の慰霊実態（調査報告）」（1982）に立ち戻った、前著に続く第二弾である。内容は主として、「戊辰の内戦」における事例研究である。

ただし前著では、江戸での「東禅寺事件」とすべきところを、「東善寺事件」と記したことは、大きなミスであった。読者に対して深くお詫びしたい。ちなみに東善寺（曹洞宗、高崎市倉渕町）は、私の地元の群馬県にあり、後述するように、やはり幕末維新と関係が深い寺院である。

森岡先生は、常に「死」というものと、向き合っておられたように思う。私が学部の「宗教社会学ゼミ」（第二期生）に入れていただいた頃、先生は、「もう死んでもいい」といわれていた。それはすでに「やり残したことはない」、という意味であったと思うが、遡れば、幼児期に実母の死に遭遇されている。これについて、次のように記されている〔森岡 2012〕。

（前略）母がどこか近くにいて私を見守ってくれている、と憧れてみる。夜泣き疲れて気が静まるのは、母が私の枕元に来て涙を流してくれるからではないか。そうでなければグショグショになるまで枕が濡れるはずはない、と思うにつけても、母が極楽往生をして十万億土の彼方に往ってしまったとは、考えたくなかった。

こういうことから、この世に接しながらこの世を超えた世界、との交流が芽生えていった。この世に私はあり、この世を超えた世界も私を包んでいる。亡母への思いから、私はこの世を超えた世界と交渉をもつことになるのである。

筆者の私にとって、宗教学・宗教社会学の碩学たる恩師の宗教的な原点は、この「母の死」にあったと考えられ、その根本は「どんなに悲しいことかも分からない」、幼児期の体験であったに違いない。仏教の教祖である釈迦も、母親の顔を知らなかった。

私は三浪の末、成城大学文芸学部文芸学科（文化史学科）に入学したが、間もなく、部活動（成城大学合唱団）に没頭するようになる。楽譜が読めない部員（部長）であったが、これにより、大学での部活動の醍醐味を体験することができた。そうしたなかで、一年後輩であった、手島賢一郎君（経済学部四年）の「不慮の死」に遭遇して、非常なショックを受けた。学生の就職活動が盛んな初秋の季節で、部員の多くの仲間たちと、涙に濡れた葬儀に参列した。翌月には、既述の森岡・今井（1982）が刊行されている。

古い私のアパートは、調布市若葉町（仙川）にあり、自転車で通学していた。当時、成城での自転車通学者の「草分け」で、部員からは「チャリンコ」という渾名を頂戴している。アパートは、部員たちの溜まり場となっていて、手島君もそのメンバーの一人であった。彼の死は、戦死ではないものの、何故か私のなかでは、「戦没者」「学徒兵」と繫がってしまうのである。

また、部活の顧問をされていた、英文科の北川重男先生は、部活の合宿にもよく顔を出していただいた。また個人的には、いつも目に掛けていただき、食事に誘っていただいたり、ご自宅にもお邪魔して、音楽談義に花を咲かせた。あの頃の時代が、懐かしく思い出される。北川先生も、残念ながら鬼籍に入られている。一方、大学院では、一学年先輩の磯岡哲也氏と出会うことになる。

ところで、私（昭和三〇年生まれ）と戦争との関わりは、どうであったのか。もちろん戦後生まれ故に、戦争体験は皆無である。したがって活字を通して、つまり、成城と有縁の作家であった、大岡昇平（明治四二年生まれ、旧制成城高校出身）の作品を通じて、体験することになる。大岡は、自らの戦争体験をもとに、「戦記文学」の旗手となったが、私は高校時代に彼の『俘虜記』に出会い、戦争に関する、何らかの拘りを持つようになっていた。今思えば、これが私の研究テーマに結びついていく、遠因となっているようである。

森岡先生は、「学徒出陣」（昭和一八年一二月）に関わる、自らの世代を「決死の世代」と呼んだ。東京文理科大学（後の東京教育大学）に入学後、直ちに召集令状を受け、金沢の工兵部隊に入営する。その後、陸軍特別甲種幹部候補生（特甲幹）となって、神奈川県相模原の陸軍通信学校に入隊された。したがって、外地への出征経験はなく、敗戦まで内地に駐留していたが、次のように記している〔森岡 2002〕。

私は応召後の軍隊では危険に曝されたことはないが、その前の学徒動員中に三度、死に瀕したことがある。その三度目は、一九四五年三月九日の東京大空襲を浅草観音の門前で受けた時のことで、四方を火に囲まれ、わが運も尽きたと観念した。その時の胸中は、まこと「無念」の一語に要約されるように思う。焼かれて死ぬことはもとより無念であるが、実はそれ以上に、他日なすところあらんとして準備を重ねたのに、一つの花も咲かせることなく、生命を終わらなければならないことこそ、無念の極みであった。

「決死の世代」には、否応なく「決死の覚悟」が迫られたのであり、とくに学業半ばで、国に命を捧げなければならなかった、当時の学徒の切実な思いが、約八〇年後の現在にも、如実に伝わってこよう。

今年三月下旬の栃木市での調査、および五月初旬の福島県白河市での調査等には、内田満氏（元埼玉県立熊谷高校教諭）に、ご同行いただいた。氏からは、日本近世史に関する知識をご教示いただいている。また、富田洋二氏（元埼玉県立熊谷女子高校教諭）には、いつものように「パソコンSOS」で、お世話になっている。

大学への出講関係では、放送大学群馬学習センター、群馬大学情報学部（高山利弘・藤井正希の両氏）、群馬大学共同教育学部（今井就実氏）、群馬大学大学教育センター、群馬大学教務課教養教育係等に、お世話になっている。

また、成城学園同窓会、成城大学合唱団OB・OG会、仙台市歴史民俗資料館、歴史春秋社（会津若松市）、上毛新聞社（時田菜月氏）、群馬県地域文化研究協議会（丑木幸男・福田博美・落合延孝・故高木侃の諸氏）、群馬歴史民俗研究会（永島政彦氏）、桐生文化史談会（巻島隆氏）、大泉町教育委員会生涯学習課、玉村町歴史資料館、高崎市東善寺（村上泰賢氏）、群馬成城会、太田金山同窓会（大熊哲雄・田端輝夫・新井英司・石原純一・上岡幸定・佐藤泰久・前澤哲也・神谷大輔の諸氏）、太田南中第二〇回卒同窓会等にも、ご厄介をおかけしている。さらに、会津若松のご出身で、私と同じ町内在住の小椋孝氏からも、とくにご交誼を頂戴している。

かつての「東日本大震災」（三・一一）後の年度始めに、私自身も職場で予期せぬ「大地震」に見舞われ、埼玉県での高校教員に終止符を打つことになった。突然の「法難」であったが、森岡先生には、東京池袋のレストランで「第二の人生」を祝っていただいた。そして、地元群馬での「田舎教師」の生活に入って、足かけ一三年が経過した。本の内容は別にしても、単著一〇冊の刊行という目標は、何とか先が見えてきた状況である。

この間、群馬県では、新たな成城関係者に出会うことになる。人類学の楢崎修一郎君（経済学部出身、高崎市在住）であった。彼は欧米の大学で人類学を学び、群馬県立自然史博物館の創設に関わった。その後、大妻女子大学博物館を経て、厚生労働省の遺骨鑑定専門委員として、海外の戦没者遺骨収集作業に専念することになる。私よりも三歳年下であったが、遺骨鑑定の第一人者として知られていた。「戦没者を二度死なせない」が、口癖であった。しかし、残念ながら平成三一年三月下旬、南洋の北マリアナ諸島のテニアン島で、日中の作業中に急逝された。六〇歳であった。楢崎君に関しては、毎日新聞社の伊藤智永氏が、同紙「余録」（四月一日付）で紹介していただいたことが、何よりも、彼の慰霊・供養になったと思う。拙著（2020）は、彼に捧げる一冊であった。

今回の出版も、御茶の水書房にお世話になった。相変わらずの内容であるが、とくに大学生を始めとして、多くの方々に読んでいただけるように、「注なき文体」にしてからは五冊目である。とりわけ同書房の小堺章夫氏には、いつものようにご厄介をおかけした。お礼を申し上げたい。なお、掲載写真は全て私の撮影である。

森岡先生が残された、五〇〇〇冊以上の書籍・研究資料等は、貴重な遺産として後世に伝えていきたいという、われわれの思いは、諸氏のご尽力によって、実現しつつある。それは「森岡清美文庫」（成城大学民俗学研究所）や、「森岡清美資料室」（日本ライフストーリー研究所）などという形で、開設準備が進められている。ご協力いただいている全ての方々に、心から感謝の意を表したい。

二〇二三年七月二四日

「露軍のウクライナ軍事侵攻」から一年五ヵ月目の日に

今井 昭彦

関東・東北戊辰戦役と国事殉難戦没者

――上州・野州・白河・二本松・会津などの事例から――

目次

関東・東北戊辰戦役と国事殉難戦没者

——上州・野州・白河・二本松・会津などの事例から——

一　プロローグ

近代日本の歴史において、夥しい数の**戦没者**〔戦死者・戦病死者・海没死者等を含む〕が生み出されたことは、周知のところである。こうした**「国事殉難戦没者」**に関しては、すでに前著『幕末維新と国事殉難戦没者』（2023）で言及しているが、社会学の泰斗であった森岡清美は、それについて次のように述べている〔森岡・今井 1982〕。

国事殉難者はおおむね政府の、政府のために戦った将兵である。しかし、反政府軍の将兵もあり、また政府軍の将兵でも処刑された人々がある。前者は政府による慰霊鎮魂の対象となり、顕彰という意義がこれに附加されて、手厚く葬られ、祭祀された。ところが後者は、公的な祭祀の対象にされないのみか、親族縁者による私的な祭祀さえ公には許されない時代があり、黙認されたとしても世を憚らなければならなかった。したがって、彼らの慰霊がどのように行なわれ、どのような推移を辿ったかは、とくに調査に値する問題となる。〔以下、傍点筆者〕

こうした国事殉難戦没の祭祀、つまり「近代日本の戦没者祭祀」は、明治二年六月創建の**東京招**

魂社（遺骨なし）を起源とする、**靖国神社**（**遺骨なし**、後の**別格官幣社**、千代田区九段）を頂点とした、**「靖国祭祀」**に代表されよう。全国の戦没者は、個人の意志にかかわらず、**国家**によって同社に**「ホトケ」**ではなく、**「カミ」**として祀られた。寺院での**仏式**ではなく、神社による**神式**によって、祭祀されたのである。彼らは**「非業の死者」**で、その魂は**「和魂《にきたま》」**ではなく、**「荒魂《あらたま》」**であった。

靖国神社は、近代において建立された、いわゆる**創建神社**の代表であり、また、近代に人をカミとして祀る、**人神《ひとがみ》信仰**の典型でもあった。そして、近代の**国家神道**下において、その祭神は**「忠魂」**

靖国神社

「西伯利亜出兵　田中支隊忠魂碑」
（陸軍大将男爵大井成元書、昭和 9 年 2 月 26 日建立）

と呼ばれ、あるいは「**英霊**」「**忠霊**」と称された。現在、同社境内には**約二六〇名**の忠魂を祀る、「**西伯利亜《シベリア》出兵　田中支隊忠魂碑**」（遺骨なし）が、建立（昭和九年二月二六日）されている。また、同社の**祭神数**は、**約二四七万柱（名）**に達している。

ちなみに「英霊」とは、幕末の**水戸学者**であった**藤田東湖**（水戸藩士）の漢詩、「**英霊**いまだかつて泯びず、とこしえに天地の間にあり」（原漢文）という一節が、「**幕末の志士**」たちの間で愛唱され、広まったものとされている〔新谷・関沢 2005〕。死者の「霊魂」の美称であった。

図「靖国ピラミッド」

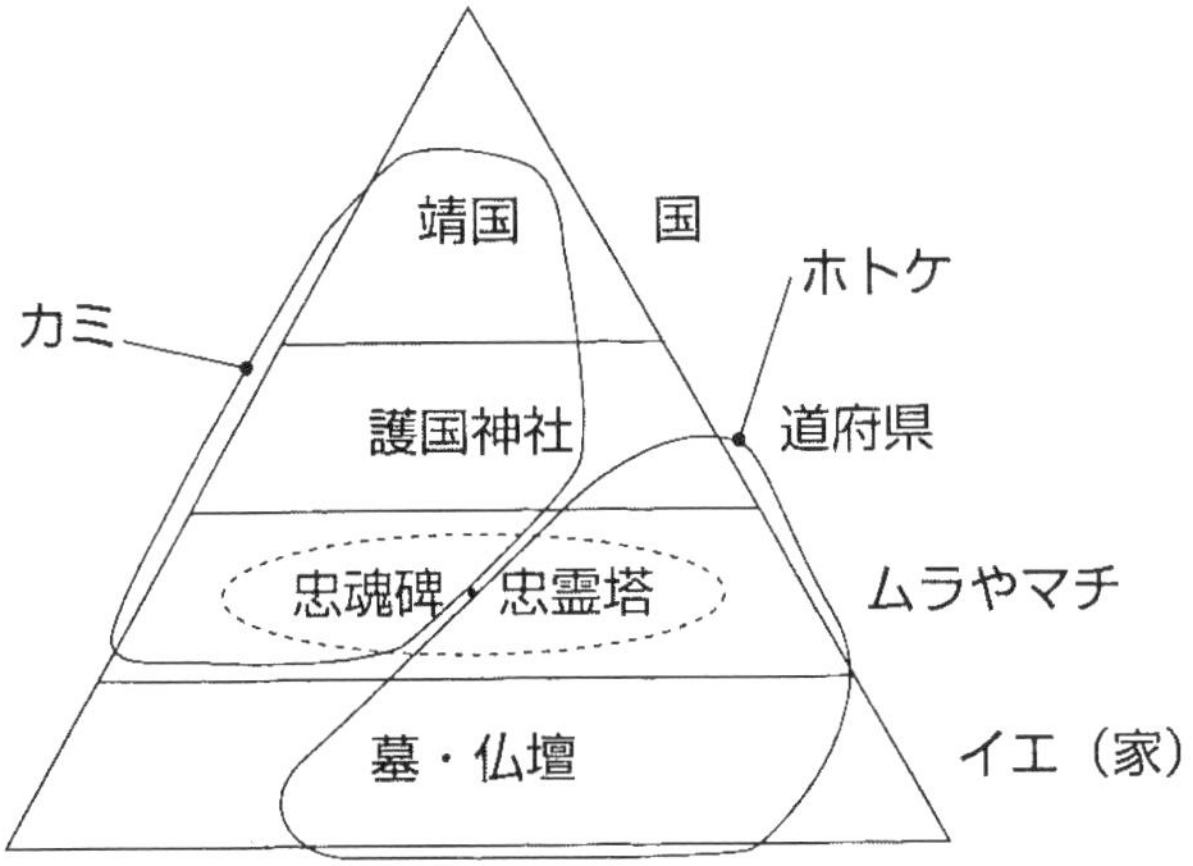

既述の「靖国祭祀」体系については、筆者はすでに**図**のような「**靖国ピラミッド**」として提示している。とくに「**忠魂碑**」（カミ・一般的に**遺骨なし**）と「**忠霊塔**」（ホトケ・一般的に**遺骨あり**）は、「**ムラやマチの靖国**」といわれているが、靖国神社と、その末社（分社）たる各地の**護国神社**は、「**巨大な忠魂碑**」といえよう。また、対外戦争の拡大に伴い、人間に準じて、「**馬魂碑**」「**軍馬忠魂碑**」なども建立されるようになる。軍馬は「無言の兵士」と称され、貴重な存在であった。

旧上陽村（群馬県佐波郡玉村町）の「馬魂碑」

「御大典記念」の旧黒保根村
（群馬県桐生市黒保根町）の「忠魂碑」
（陸軍大将一戸兵衛書、昭和 3 年 11 月 10 日建立、
忠霊塔公園）

「軍馬忠魂碑」（群馬県高崎市・群馬県護国神社）

旧毛里田村（群馬県太田市）の「忠霊塔」
（陸軍大将鈴木孝雄書、昭和 16 年建立、毛里田行政
センター）

ただし、忠魂碑と忠霊塔に関しては、地域によってその位置づけは曖昧であり、**「常民文化」**において、**カミ**と**ホトケ**は**混在**している状況である。これについての詳細は、拙著『「北鎮都市」札幌と戦没者慰霊』（2021b）を参照されたい。

かつて『靖国問題』（2005）を著した高橋哲哉は、哲学の立場からではあるが、靖国神社・靖国祭祀に関して、同書で次のように述べた〔高橋 2005〕。

> 靖国が敵側の死者を祀らないのは、外国人の場合だけではない。「自国の戦死者」であっても、敵側の死者を祀らないのが靖国である。
>
> 靖国神社の前身、東京招魂社は、一八六九年六月の第一回合祀で幕末以来の内戦の「官軍」＝新政府軍の戦死者三五八八人を祀って以来、靖国神社となってからも今日まで、内戦の戦死者としては「官軍」＝新政府軍の戦死者のみを祀り、「賊軍」＝旧幕府軍および反政府軍の戦死者は祀っていない。一八六九年七月、兵部省は東京招魂社の例大祭を、一月三日＝伏見戦争記念日、五月一五日＝上野戦争記念日、五月一八日＝函館降伏日、九月二二日＝会津藩降伏日の年四回と定めた。「こうして東京招魂社の祭典が、『朝敵・賊軍』を平定した日に設定されたということは、以来、明治新政府は、『朝敵・賊軍』は敵として排除していくという方針を明確にしたものであり、後の靖国神社の位置づけを決定づけるものであった」〔今井昭彦「国家が祀らなかった戦死者―白虎隊士の事例から」国際宗教研究所編『新しい宗教《ママ》施設は必要か』ぺりかん社、

二〇〇四年）。

同じ「日本人」の戦死者でも、時の「政府」の側すなわち天皇のいる側に敵対した戦死者は排除するというこの「死者の遇し方」は、戊辰戦争の帰趨を決した会津戦争の戦死者への積極的な扱いに対応している。

とし、

とした。

いわゆる**「靖国問題」**の本質的な部分は、こうした高橋の言説に要約されると思われるが、本書では、靖国祭祀の形態が確立されるまでの過程に関して、再び検討するものである。

すでに何度も言及しているように、既述の幕末維新期の、**京都「鳥羽伏見の戦い」**（慶応四年一月三日）に始まる**「戊辰戦役」（戊辰戦争）**は、日本人同士が相戦った内戦であったが、この戦いは「近代日本の幕開け」となった。そして、既述のように、**「会津戊辰戦役」（会津鶴ヶ城攻防戦）**において、戊辰戦役の帰趨は決せられたのである。つまり会津落城により、「賊軍」（東軍）とされた旧幕府軍は敗れ、「官軍」（西軍）の実質的な勝利となった。既述の東京招魂社の例大祭のなかで、とくに重要であったのが、**九月の例大祭（会津落城日、**後に九月二三日に変更）であった。

ところで、会津戊辰戦役における、**東軍**（**旧幕府軍**）殉難者の悲惨な処遇に関しては、現在でも会津関係者から、しばしば人口に膾炙されるところである。ところが、拙著（2021a）でも言及したが、会津在住の野口信一は、その著書『会津戊辰戦死者埋葬の虚と実―戊辰殉難者祭祀の歴史―』（2017）で、この点について、大いに疑義を呈している。

つまり野口によれば、会津落城後の、**西軍**（**新政府軍**）による東軍戦没者への「**埋葬禁止令**」は、**虚構**であったという。従来から定説となっている、東軍戦没者の遺体が放置され、埋葬されなかったというのは、事実に反するというのである。

その根拠は、新たに発見された「**戦死屍取始末金銭入用帳**」（以下、入用帳とする）なる史料であった。野口は、

　この「入用帳」は従来、「戊辰戦後、藩士の遺骸は手を触れることを禁じられ、半年もの間、野犬や鳥獣に食い荒らされるまま悲惨な状況におかれた」ことを根底から覆す史料である。これは今までも会津若松市民が「長州を許せない」とする大きな要因の一つであるが、これが事実でなかったことが確認出来た。

と述べている〔野口 2017〕。

果たして、この「五〇年目の真実」とは、どうであったのか。本書では、こうした野口説を念頭

に置きながら、再検討を試みるものである。なお、明治五（一八七二）年までは**旧暦**である。戊辰戦役に関連して、**「近世の百姓一揆」**に詳しい内田満は、左記のような興味深い指摘をしている（内田 2017）。

この鳥羽・伏見での幕府軍敗北の情報により幕府の崩壊を認識した衆としての百姓は、竹槍を含む鉄砲・刀剣などの武器を携行・使用し始めました。世直しの状況下の上州では武器を携行し、支配者である岩鼻代官所役人と寄場役人である豪農・豪商への、また米穀をめぐる南牧村と下仁田町の対立から被支配者間でも「恨みを晴らす」ためとして「打殺」を標榜し、また憎しみの余り「汝が肉を生ながら喰ハん」ことを標榜した一揆が立て続けに二件起きています（第一章第三節参照）。ここではカニバリズム（肉喰）は行われませんでしたが、実際に殺人も行われ、さらに打ちこわして、恨みを晴らしています。

つまり、「鳥羽伏見の戦い」を経て、**百姓の「一揆の作法」**は劇的に、過激な方向に転換した、というのである。文字通り戊辰戦役以降、幕末の世の中は、武士レベルのみではなく、百姓（農民）階級においても、再び**「戦（いくさ）の時代」**に突入した、ということなのであろう。

二 「天狗党の乱」・出流山事件と殉難戦没者

幕末維新期の天皇たる**孝明天皇**（統仁、天保二年生まれ）は、三六歳という短命であったが、その第二皇子が**明治天皇**（睦仁）となる。その皇子が誕生した翌年、つまり嘉永六（一八五三）年六月三日、米国東インド艦隊司令官の**ペリー**が、艦隊を率いて**浦賀**に入港した。これは近代日本の実質的な幕開けとなった。

この「**黒船来航**」は、当時の世の中を震撼させ、人々から安眠を奪ったが、ペリーが幕府に「**開国**」を求めて以来、日本国内は俄に混乱の様相を呈するようになった。これは最終的に、幕藩体制下における全国の諸藩が、徐々に「**勤王**」か「**佐幕**」かという、二者択一を迫られる状況に追い込まれていく契機となった。

こうしたなかで、幕末維新期の**上州**（**群馬県**）**九藩**（沼田・前橋・伊勢崎・高崎・館林・安中・七日市・吉井・小幡）も例外ではなく、勤王か佐幕かで、大きく揺れ動くことになる。そのなかで、かつて五代将軍**徳川綱吉**（父は三代将軍家光）を出した、**館林藩**（譜代六万石、城址は館林市）においても、状況は全く同様であった。「犬公方」で周知の綱吉は、かつて「館林宰相」と称されていた。時の十代館林藩主の**秋元志朝**《ゆきとも》（山形から館林に転封）は、**長州藩**（外様約三七万石、城址は萩市・山

館林城址

口市）の支藩たる、**防州徳山藩**（外様四万石、城址は山口県周南市）の藩主毛利広鎮の二男で、兄の元蕃は徳山藩主になっていた。また、最後の長州藩主（十四代）となる**毛利元徳**（**定広**）は、異母弟であった。ただし、秋元家の先祖は、江戸時代初期に**上州総社藩主**（譜代一万石、城址は前橋市）となっており、上州とは有縁であった。

このように館林藩は、長州・徳山両藩と親密で、また**「御三家」**の**水戸藩**（三五万石、城址は水戸市）の影響下にもあったから、幕府譜代でありながらも「尊王・勤王」の傾向が強かったという。したがって、志朝は幕府と長州との対立の仲立ち、つまり**「幕長周旋」**に奔走したが、結果的にはそれに失敗し、志朝は幕府に睨まれて元治元（一八六四）年一〇月、「押込め隠居」の身となってしまった。

これに先立つ同三月二七日、**「尊王攘夷」**（**尊攘**）を掲げた**水戸浪士**らを中心とする**天狗党**は、**常州筑波山**（八七七メートル、茨城県つくば市）で挙兵した。これが**「天狗党の乱」**（**元治甲子の変**）である。

この乱に関しては、すでに前著（2023）で言及しているが、同党は、元町奉行の**田丸稲之衛門**（田丸家養子）が総大将、**藤田小四郎**（父は東湖）が大将となり、当初は総勢六〇余名の集団であった。彼らはあくまでも、**「討幕」**ではなく**「幕政改革」**をめざしていたという。しかし、幕藩体制下において彼らは反乱軍、つまり**「賊軍・賊徒」**となった。

やがて同党には、各地から同調者が参集し、三倍近い一七〇余名に膨らみ、翌四月三日には、**野州宇都宮**（栃木県宇都宮市）・**日光**方面に向けて進軍した。彼らは前藩主たる、**水戸烈公**（九代藩主**徳川斉昭**）の**「御神輿」**の行列、と称したという。

宇都宮藩（譜代約六万八〇〇〇石、城址は宇都宮市）は、水戸藩と共に関東の要衝であり、水戸・宇都宮・館林らは、**「関東の尊攘藩」**として知られていた。同党は、**「尊王攘夷の大義」**を確立するため、宇都宮の尊攘派を取り込もうとしたのである。また、**日光東照宮**（祭神は東照大権現〔徳川家康〕、家康の遺骨あり、後の別格官幣社）に参詣することで、幕府に対しても、忠節を尽くすことを表明しようとしていた。しかし、宇都宮藩尊攘派の賛同・協力は得られなかった。

なお、後の二度にわたる**戊辰宇都宮城攻防戦**（慶応四年四月）は、「関東における戊辰戦役最大の激戦」となるが、西軍に与した宇都宮藩は、戊辰戦役を通じて**九二名**の戦没者を出した。彼らはホトケではなくカミとして、旧藩主らにより創建（明治五年一一月）された、**宇都宮招魂社**（後の**官祭宇都宮招魂社・栃木県護国神社**、宇都宮市陽西町、遺骨なし）に合祀される。

天狗党は、日光参拝のみは達成したものの、結局、日光方面から離れて南下した。そして四月一四日、野州と上州を繋ぐ幹道たる、**日光例幣使街道**（上州倉賀野宿から日光道中まで）に近い、**野州太平山**《おおひらさん》（大平山、三四一メートル、栃木市）に到着した。

そもそも「例幣」とは、**伊勢神宮の祭礼**に、**朝廷**から幣帛を奉献する儀式であった。そして、江戸時代の例幣使とは、**日光東照宮の春季例祭**に、朝廷から派遣される使者のことで、その使者が通る街道（例幣使街道）は、**中山道**から東方に分かれ、**「五街道」**に準じる公用道で、一三の宿駅（異説あり）があった。

大平山には**太平山神社**（後の県社）があり、**虚空蔵菩薩**も祀られて、**神仏習合**であった。天狗党は、この太平山権現で「心願成就の護摩」を炊くこと、つまり、自分たちの願が成就するよう、祈祷してもらうつもりであったという。同党は三〇〇名（異説あり）ほどになり、以来、同地には約五〇日間滞在することになるが、同党内には様々な派閥が存在したようである。彼らは**「太平天狗党」**とも称された。なお、後の**神仏分離**により、同山の虚空蔵菩薩は、**六角堂**に祀られることになる。

上州・野州の南部地域は、天領・小藩・旗本領が入組支配のため錯綜しており、村内に対する支配も行き届かなかったため、とくに「草莽の志士」たちが活動するには、絶好の地であったという。また同地域は、製糸業・織物業地帯でもあったから、農民らは、開港以来の経済変動による「ひずみ」を一身に受け、危機感を深化させていった。こうしたなかで「尊攘論」は、豪農商や村役人層・一般農民層の間に広まっていった。

既述の例幣使街道のなかで、**上州太田宿**（新田郡、太田市）は、**「子育て呑龍」**《どんりゅう》**「呑龍講」**で知られた、**大光院**（義重山新田寺大光院、浄土宗）の門前町でもあった。同院は新田氏の祖で、徳川氏が始祖とする、**新田《にった》義重の菩提寺**である。義重は平安末期から鎌倉期に、地元の**新田荘**を開発し領主

太平山六角堂

大光院

となった。

この義重の子孫が、**「鎌倉攻め」**をした**新田義貞**（新田本宗家八代）で、**楠木正成**らと共に、**「南朝の忠臣」**の一人に挙げられた。さらに同地の幕末期の旗本が、**「猫絵の殿様」**で有名な**新田満次郎**（**岩松俊純**、交代寄合、後の男爵）で、義貞の後裔であった。

義貞は足利軍と戦い、**越前藤島**（福井市）で戦没しているが（越前**藤島神社**の祭神）、**義貞の菩提寺**は、大光院の北側で同地の象徴たる、**金山**《かなやま》（約二三六メートル）山麓にある**金龍寺**《きんりゅうじ》（曹洞宗）であった。同寺には**「新田家累代の墓」**（義貞の遺骨あり）があり、同山山頂には、義貞を祭神とする**新田神社**（遺骨なし、後の県社）が創建（明治八年三月）される。

また義重の子息の、「世良田地頭」「徳川四郎」たる**新田義季**は、鎌倉期に**世良田**《せらだ》**長楽寺**《ちょうらくじ》（当初は臨済宗、後に天台宗、太田市世良田町）を建立し、氏寺化した。同寺は、「東日本で最初の禅寺」とされているが、後に**徳川家康**は「先祖の寺」として、天台宗の僧侶の**天海**（会津生まれ）を住持とした。つまり、新田氏有縁の世良田付近は、家康によって、**「徳川氏発祥の地」**とされた。実際は「徳川姓発祥の地」であった。同寺境内には、**世良田東照宮**も建立されている。同地は、徳川氏とも因縁が深いのである。

さらに太田では、野州宇都宮生まれの**蒲生君平**（商家出身）らと共に、**「寛政の三奇人」**の一人とされる近世の尊王家、**高山彦九郎**（農民出身、生家址は太田市）が生まれていた。彦九郎も、遠祖有縁の新田義貞を深く敬仰していたという。

彦九郎は「幕末の志士」たちに大きな影響を与え、彼らの間で「**今彦九郎**」という尊称が生まれた。諸国を歴遊して尊王を説いたが、九州久留米で**自刃**（四七歳）した。彦九郎も地元では、**高山神社**（遺

大光院から北方の金山方面を望む。右側の建物はスバル太田北工場（旧中島飛行機工場発祥の地）

新田義貞供養塔
（中央、金龍寺）

新田神社
（金山）

長楽寺境内の旧世良田村「忠霊塔」（左）と「三仏堂」（右）

世良田東照宮

骨なし、後の県社）が創建（明治一二年一一月）され、カミとして祀られる。

なお、同地は昭和期に、日本海軍の戦闘機**「ゼロ戦」**を最も多く生産した、「東洋一」の**中島飛行機製作所**（創業者は同地出身の**中島知久平《ちくへい》**、後に国営、戦後の富士重工・**スバル**）の本拠地となり、戦時下の重要な軍需産業地域（太田市・邑楽郡大泉町）が形成された。

すでに文久三（一八六三）年一一月の、上州での**赤城山挙兵未遂事件（天朝組の蜂起）**の首謀者たる、**桃井可堂**（武州の農民出身、後に自死）や、**金井之恭**《ゆきやす》（上州の農民出身）・**相楽総三**（江戸の町人出身、後の**赤報隊**総督、靖国祭神）らによって、上州方面での尊攘派の画策が進行した。そして、尊

高山神社

「可堂桃井先生碑」
（埼玉県深谷市北阿賀野・稲荷神社）

王の伝統的権威として、既述の新田満次郎は、**「義挙」（新田勤王党）**の盟主に擁立されようとした。とくに文久三年から元治元年にかけて、尊攘派の活発な動きが見られたのである。

既述の太平山に屯集した天狗党は、あくまでも朝廷（皇室）と幕府の「鴻恩に報いる」ことを目的としており、薩長らの討幕的な尊攘論とは、性格を異にしていたという。ただし、**資金不足**に苦しんでいた。同山周辺の町村では、天狗党の「押借」「強談」「強奪」が頻々と行われ、また武器の収奪もなされ、同党の**暴挙**に農民たちは戦慄した。幕府は**関東取締出役（八州廻り）**に、その治安維持強化を命じていた。

地元の**野州足利藩**（譜代一万一〇〇〇石、陣屋址は足利市）は、宗家の宇都宮藩戸田氏から分かれて、立藩したものであった。かつて**室町（足利）幕府**を開いた**足利尊氏**は、もともと**足利荘**を本拠地としていたのである。また足利氏は、既述の上州新田氏の分家であったが、両氏は対立することになる。幕末の足利戸田氏の藩士総数は、僅かに一三〇余名ほどであったという。

足利藩は元治元年五月、領内の者で剣術の心得ある者は見分するから、陣屋に集まるように、との触を出した。警察力を増強すべく、藩兵不足を農民からの徴兵によって補填しようとしたのである。同藩は譜代大名として、徳川氏の恩顧に背くことはできないという考えを、強くもっていたという。

同五月末、天狗党本隊は太平山を引き払い、翌六月上旬には、再び**筑波山**に依り本営とした。一方で、元水戸藩士の**田中愿蔵**《げんぞう》（田中家養子）ら約五〇名の一隊は、本隊から分かれて六月五日、例幣使街道の**野州栃木宿**（栃木市）に現れた。

弱冠二〇歳の田中は、藤田小四郎とは「竹馬の友」であったというが、田中らは**「討幕」**を主張し、まだその意志のない藤田らと意見が対立して、分立したのではないかという。そして天狗党の暴挙は、この**「栃木宿焼き討ち事件」**で極に達した。

東禅寺
（港区高輪）

この頃、水戸城下は、天狗党と激しく対立する、**諸生党（門閥派）**が支配することになる。水戸藩は、とくに**「安政の大獄」**以来、江戸での**「桜田門外の変」（桜田事変）**・**東禅寺事件**・**「坂下門外の変」（坂下事変）**などで、すでに多くの藩士の血が流れていた。また、内訌・内乱による闘争も過激で、あたかも**戦国時代**の様相を呈していたのである。

野州栃木宿は、町内を流れる**巴波川**が**利根川**に通じ、舟運を利用した**生糸**の集散地としても栄え、**水陸両面の交通路**として豪商も多かった。したがって、金策には好都合の町であった。田中隊の動向は、町の住民により、左記のように伝えられている〔水戸市史 1990〕。

五日八ッ時（午後二時頃）、田中愿蔵以下八、九〇人程が陣鉦・陣太鼓を打ち鳴らし、大幟を立て、鑓口五〇本、鉄砲八丁を携え、大将分は馬上で声を発しながら、行列美々しく栃木町内に入ってきたという。そして、町内を通行中、仲町の住吉屋という酒造屋の前にて足駄ばきで見物している者を見つけると、無礼であるとして刀を抜いて斬り殺し、さらに同家の娘まで殺害した。目撃者は「其勢誠ニ鬼のあれたる如き也、恐ろしき事ニ御座候」と記している。

こうした凶暴な振る舞いはおそらく、後に軍資金を出させるための威嚇・暴挙であったのだろう。田中隊は、**足利藩栃木陣屋**に対して、**二万両**の軍資金を要求した。

これに対して、陣屋側が出金を拒否すると、田中隊は予告通り、松明を投げかけ、町内に火を放ったという。さらに陣屋に鉄砲を撃ちかけたため、両者との間で戦闘になった。この間にも、火の手は町内に燃え広がり、火の海と化した。そこに、**野州吹上藩**（譜代一万四四〇〇余石、陣屋址は栃木市）からの援軍が駆け付け、田中隊は退却を余儀なくされたという。

この火災は「**愿蔵火事**」と称され、八時間燃え続け家屋五〇〇軒、町の七割方が焼失したという。こうしたことから、栃木宿の人々の、田中に対する憎悪は深まり、その蛮行の情報は広く世の中に伝播し、人々を恐怖に落とし入れたという。天狗党が民心から懸け離れ、孤立化していく事件となった。

三日後の九日には、幕府から宇都宮・足利・館林の各藩の他に、**上州高崎藩**（譜代八万石、城址は高崎市）・**武州川越藩**（譜代八万余石、城址は川越市）などに対して、**「水戸浪士追討」**の命が下された。

さらに田中隊は同二一日、**水戸街道**の**常州真鍋宿**（古河市）を襲撃している。同宿の損害は、一四七棟を焼失し、**死者二名・怪我人三名**を出し、紛失金銀高は三〇六一両余であったという。田中の悪声は益々高まっていった。そして翌七月、田中は天狗党から**除名**されることになる。

一方、筑波山に戻った天狗党本隊は七月七日、**幕府軍・水戸市川党（諸生党）**と戦闘を開始するが、翌八日には、幕府若年寄であった、**田沼意尊**《おきたか》（遠州相良藩主）が幕府の**常野追討軍総括**となり、幕府と天狗党との戦いが本格化していく。各地には、同党の戦没者を弔う**「天狗塚」**が造られていった。

天狗党は新たに、元水戸藩執政の**武田耕雲斎**（通称は彦九郎）を総帥として、朝廷に**「攘夷鎖港」**を訴えるため、上京することに決した。陰暦では冬に当たる一一月一日、**総勢一〇〇〇余名**の大部隊となった同党は、**常州大子**《だいご》**村**（茨城県久慈郡大子町）を出発し、西上の途についた。

一一月中旬には、同党は日光例幣使街道の**野州梁田宿**（足利市梁田町）を経て、西に向かい、既述の**上州太田宿**に二泊した。その後、西方の**利根川**を渡ると、**武州（埼玉県）**に入った。そして同一六日には、**信州街道（姫街道）**の**上州下仁田**《しもにた》**宿**（甘楽郡下仁田町）にて、上州高崎藩と**「下仁田の役」（下仁田戦争）**がおこる。同党の戦没者は**四名**（うち農民一名）、対する高崎藩の戦没者は**三六名**（二〇代の戦没者は五名）と、この役は高崎藩の完敗で終わった。

武州岡部藩に殺害された２名の天狗党「弔魂碑」
（埼玉県深谷市血洗島・諏訪神社）

同党は**信州**（**長野県**）に入ると、諏訪湖の北方で**中山道**の**和田峠**（一五三一メートル）にて、同二〇日、**信州諸藩**と戦っている（**和田嶺合戦**・**和田峠合戦**）。なお、同党には、夫や息子を慕って、行動を共にした**女性**たちが**三〇余名**いたという。

天狗党がめざした京都では、同七月一九日、長州藩の挙兵による「**禁門の変**」（**蛤御門の変**）がおこり、翌八月には、幕府による「**第一回長州征伐**」が実施された。そして三ヵ月後の一〇月、館林藩主の秋元志朝は隠居を余儀なくされ、養子の**礼朝**《ひろとも》を後継（十一代）としたのである。礼朝（後の山陵副官）は、**遠州掛川藩**（譜代五万石、城址は静岡県掛川市）藩主の五男で、館林藩は「佐幕」派藩士に支えられることになった。

翌慶応元（一八六五）年には、各地で「打ちこわし」や「一揆」が多発し、六月には「**武州世直し一揆**」がおこり、武州（埼玉県）・上州では社会不安が増幅していった。幕命により館林藩は、例幣使街道の**上州木崎宿**（太田市）まで出兵して

「高崎藩士戦死之碑」
（海舟勝安房書、明治 26 年 11 月 16 日建立、下仁田町下小阪）

「義烈千秋」碑
（水府烈士弔魂碑、元帥陸軍大将大勲位功二級彰仁親王篆額、明治 33 年 3 月建立、下仁田町下仁田・山際公園）

いる。こうした一揆は、翌二年に最高潮に達するという。

慶応三年八月頃には、**三河（愛知県）地方**で**「ええじゃないかの乱舞」**がおこり、翌月には、東海道・江戸・京畿その他一円に拡大し、人々に**「世直し」**の実感が深まっていった。こうしたなかで同一〇月、十五代将軍**徳川慶喜**（水戸家出身、一橋家養子）は、遂に**「大政奉還」**を上表したが、一方で、**「討幕の密勅」**が薩長に下された。そして一二月には、**「王政復古の大号令」**が発せられる。

この間の同三年一一月二六日、江戸の**薩摩藩邸**に結集し、薩摩藩士と称する、医者の**竹内《たけのうち》啓《ひらく》**（武州の農民出身、国学者）を隊長とする浪士隊が、**野州**

出流山満願寺本堂（大御堂）

出流山《いずるさん》（約六六〇メートル）の**満願寺**（真言宗、栃木市出流町）で、挙兵する事件がおこった。**「出流山事件」**である。同寺は、「坂東三十三観音霊場第十七札所」で、周知の東京浅草の**浅草**《せんそう》**寺**（聖観音宗の総本山）も、同じく坂東の札所であった。

この挙兵は、同一一～一二月にかけて発生した、相州山中の**小田原藩支藩陣屋焼打事件・甲府城焼打未遂事件**などと共に、大政奉還の上表により討幕の口実を失った、薩摩の**西郷隆盛**（後の陸軍大将・近衛都督、靖国非合祀）が、**相楽総三**らの浪士に働きかけた謀略の一環であった。つまり、「草莽の志士」による浪士隊を関東各地で挙兵させ、幕府を混乱・錯乱させようというものであった。竹内隊には、**館林浪士**が何人か加わっていたという。

実は野州では、**真岡**《もおか》**代官所**（天領八万四〇〇〇余石、陣屋址は真岡市）を襲撃する計画もあったというが、これに失敗した浪士たちも、出流山に合流したという。出流山を挙兵地として選んだ大きな理由の一つは、既述の満願寺があったことである。

同寺は、**日光山輪王寺**（天台宗、栃木県日光市）を開いた、**勝道**（野州出身）による開山であったが、かねてより**薩摩藩主夫人**は、満願寺本尊の**十一面観音菩薩**への信仰が篤かったという。塩入亮乗によれば、観音はイラン系の女神の、「水の神」「豊饒の神」の系列にあり、**「子孫繁栄」**の思想を内包しているという。例えば、奈良時代の**国分尼寺**の本尊も、観音であった。

また出流山は、**九州対馬藩**（外様三万余石、城址は長崎県対馬市）の領地であったため、その管理が手薄な地でもあったという。

こうして、薩摩藩士を装った竹内一行は、藩主夫人の名代として満願寺に参拝する名目で、奉納する品々を持参し、一一月二四日頃に江戸を出発した。そして、幕府の厳しい監視の目をくぐり抜けて、**奥州街道**を北上した。二九日朝には同寺に参拝し、薩摩藩の旗などを掲げて、**「討幕の挙兵」**を宣言したという。その「宣誓文」は次のようであった〔佐野市史 1979〕。

　義徒節義ヲ守リ、国家ノ志士ヲ糾合シ、征シテ幕府ヲ倒サンガ為ニ糾合軍ヲ起シテ将ニ輦下ニ合ントス

当初は**一一名**（異説あり）であったというが、その後、上州・野州・常州などの各地から同志が糾合して、**一五〇名以上**に膨れ上がった。このなかには豪農商や無宿者など、**様々な階層の人々**が集まった。それはこの挙兵が、単なる討幕派の謀略に留まらず、一般農民らの、「世直し」への願望・

期待の意味合いも含まれていたことが、読み取れるという。

竹内隊も三年前の天狗党と同様に、**軍資金調達**に苦しんだ。そこで、既述の足利藩栃木陣屋に**三〇〇〇両**の資金を出させることにしたが、談判は難航した。陣屋側は、この間に時間稼ぎをして、町の防御態勢を整えていったという。そして、竹内隊の一部が町の門に入った途端、陣屋側から先手を打って小銃が撃ちかけられた。これにより、同隊は退却を余儀なくされた。出流山に逃げ帰った者は、三名に過ぎなかったという。

人々は、四年前の天狗党騒ぎの再来と驚き、最初は親しみを込めて**「攘夷さん」**と呼んでいたが、やがて**「出流天狗」**と称するようになり、恐れるようになっていった。

栃木陣屋との一件により、竹内らは、天然の要害である**唐沢山**（二四七メートル、佐野市）に主力部隊を移動し、別軍第一隊を**岩船山**（約一二三メートル、栃木市岩舟町）、同第二隊を既述の太平山に配置し、戦力を分散して、持久戦に持ち込もうとした。そして出流山には、僅かな兵力を残して、早速移動を開始した。

この挙兵に対して、幕府は館林・足利両藩の他に、**野州壬生《みぶ》藩**（譜代三万石、城址は下都賀郡壬生町）にも出兵を命じた。館林藩は、藩兵二小隊と大砲隊を出動させている。ただし、直接討伐に向かったのは、勘定奉行直属の関東取締出役（八州廻り）らに率いられた、**農兵隊**であったという。討伐軍は、取締出役が動員した農兵隊八〇〇名を中心に、六一藩からの出兵を合わせると**一二〇〇名**に達した。

一方、移動を開始した竹内隊の動向は、全て密偵によって探知されていた。出流山に居残った一一名は、農兵隊の小銃の前に**全員戦死**した。また、唐沢山に向かった竹内らも、討伐軍の待ち伏せに遭い、竹内隊は翌一二月一二日に**鎮圧**された。出身地域が判明した**一四〇名**の挙兵参加者のうち、地元の野州出身者は**七五名**であった。館林藩兵は、一九日に館林に戻っている。

出流山から新里村・岩船山へと続いた戦闘で、竹内隊は多くの戦没者を出した。捕縛された者は**四十数名**で、一二月一五・一八の両日、彼らは**佐野の秋山川原**（佐野市）で**処刑**された。また、竹内も**総州中田宿**（茨城県古河市）で捕らえられ、同二四日、**総州松戸**（千葉県松戸市）の川沿いで**斬首**（四〇歳）されたという（靖国合祀）。挙兵して約一カ月後のことであった。

この頃、江戸では一二月二三日、浪士たちが三田の**羽州庄内藩屯所**（港区三田）を襲い、同日には、**江戸城二ノ丸**が**炎上**したという。これは**薩摩浪士**の主導であったとされたから、その謀略の本拠地と見なされた、**薩摩藩三田屋敷**（港区芝）が同二五日、幕命により焼き打ちされた。これが**「薩摩藩三田屋敷焼き打ち事件」**で、実際は「奥州の鎮め」といわれた、**庄内藩**（鶴岡藩、譜代約一四万石、城址は山形県鶴岡市）を主力とした、軍勢によるものであった。

薩摩屋敷内には、相楽総三ら**二〇〇名**ほどがいたというが、相楽は脱出して京都に逃れ、やがて赤報隊を結成することになる。薩摩藩の**男女一二名**が捕らえられ、**四九名**が戦没、浪士では**三名**が討ち死にし、邸内で二名を捕縛して、逃走中にも数名が捕らえられた。

しかしこの結果、

西郷隆盛らの薩摩藩討幕派が計画した、旧幕府への徴発が成功したのである。これによって旧幕府と薩摩藩は事実上交戦状態となり、二十八日に事件が大坂へ届けられると、城中は討薩論に沸き返り、翌年一月二日には海軍による阿波沖海戦が勃発し、討薩表を掲げての挙兵上洛が開始され、翌日の鳥羽・伏見の戦いを引き起こすこととなるのだった。

というる〔新人物往来社 2000〕。

このように、関東での出流山事件は、**「討幕の先駆」「戊辰戦役勃発の起因」**となった、といえるのではなかろうか。現在、満願寺には挙兵者の墓碑等はなく、戦争関係碑としては、対外戦争の**「日露戦役　軍馬紀念碑」**（明治四〇年一一月建立）が確認できる。

ところで、既述の田中隊は元治元年九月、**常州助川陣屋**（陣屋址は日立市）を占拠していたが、同下旬には力尽きて西方へ逃走し、翌一〇月には**解散**した。田中は**磐州（福島県）**方面への逃走を企て、同二日には**東白川郡真名畑村**（福島県東白川郡塙町）にたどり着いた。

しかし、同地で幕吏に捕らえられ、同一六日、同地の**下河原の刑場**で**斬首**された。**田中の首級**は**水戸城下**に送られ、市中で**晒され**、**胴体**は処刑地の**塙安楽寺墓地**に**埋葬**されたという。戒名は「精威猛勇信士」であった。

水戸のある歴史家は、左記のように述べている〔鈴木 1989〕。

小四郎の思想は「尊王敬慕」にあった。これこそが筑波勢の本命であったから、愿蔵の思想を入れる余地もなく、愿蔵とは一線を画してついに合致するところがなかった。愿蔵の思想は、むしろ長州に近くその徹底した思想と行動とは、水戸と長州との相違に似ていた。愿蔵が明治維新を泉下に迎えたとき、実に切羽の思いがあったであろうと、私は今静かに河原に立っている彼の碑の前で思った。

「日露戦役　軍馬紀念碑」
（満願寺）

「賊徒」たる、武田らの**天狗党三五二名**（三五三名とも）は、翌慶応元（一八六五）年二月、**越前敦賀**で**斬首**された。さらに翌三月には、**武田・田丸・藤田らの首級**は、**水戸**に運ばれて晒された。この際、武田らの**遺族の処刑**も行われ、水戸藩内は再び大混乱に陥ったのである。

彼らは結局、**討幕軍**ということで、いわゆる官軍に位置づけられ、基本的に「靖国合祀の対象」となった。彼ら「**水戸殉難志士**」は現在、水戸市の**常磐**《ときわ》**共有墓地**（松本町）に埋葬され、同地の**回天神社**（昭和四四年創建）に**カミ**として祀られている。靖国神社とは異なり、遺体を埋葬し神式で祀る「**招魂墳墓**」であった。

「水戸殉難志士の墓」
（二号墓所、常磐共有墓地）

回天神社
（常磐共有墓地）

下って明治に入り、**「維新随一の功臣」**とされた**薩摩の西郷隆盛**（号は**南洲**）は、明治一〇（一八七七）年二月、九州で**「西南戦役」**（**丁丑《ていちゅう》戦役**）をおこすことになる。明治新政府を激震させた、**「不平士族最大の反乱」**であった。

決起した西郷ら**薩軍**は**「賊徒・賊軍」**となり、**「官軍」**たる政府軍と激戦を展開した。そして、半年余後の九月二四日、鹿児島城下での**西郷の戦死**（五一歳）により、戦役は終結した。双方の戦没者は、**各約七〇〇〇名**であったが、戊辰戦役と同様に、官軍戦没者のみが**靖国合祀**された。ただし、地元の鹿児島では、西郷らを埋葬（土葬）した**南洲**《なんしゅう》**墓地**（上竜尾町）に隣接して、**南洲神社**が創建（大正一一年）され、西郷ら薩軍戦没者は**ホトケ**ではなく、**カミ**として祀られている。同墓地は、

「藤田小四郎信墓」
（常磐共有墓地）

西郷ら薩軍を埋葬する南洲墓地と南洲神社（後方）

東京泉岳寺（曹洞宗、港区高輪）の**「赤穂浪士墓所」**をモデルとして、造られたという。

ところで、**廃藩置県**は明治四年七月であったが、廃藩置県後の**栃木県**（明治六年宇都宮県を併合）では、**官軍戦没者**を祀る**招魂社**創建が企画された。それは、西南戦役終了直後の明治一〇年一一月、栃木県令**鍋島幹**（旧佐賀藩士）らによって、旧栃木宿の**栃木県庁**（明治一七年宇都宮へ県庁移転）に近い、**錦着山**《きんちゃくさん》（八〇メートル、栃木市箱森町）の頂上に、招魂社を創建するというものであった。

その**「招魂社私立広告」**（明治一〇年一一月）には、次のようにある〔栃木市史 1981〕。

幹等謹ンテ当栃木県下ノ愛国ノ志士諸君ニ告ク、（中略）而シテ今ヤ賊魁尽ク首ヲ授ケ、兵氛茲に全ク収マル。而シテ王師ノ凱旋スルモノ陸続踵ヲ東西ニ接ス、則チ之ヲ公布ニ徴シ之ヲ新誌ニ質シテ以テ知ルヘキナリ。（中略）我カ忠憤義烈ナル従軍ノ諸兵士奮戦死闘将ヲ斬リ旗ヲ搴リ命ヲ決シ塁ヲ陥シイルルモノ蓋シ千百以テ数フルニ堪サルヘシ、（中略）

朝廷辱クモ既ニ特異招魂ノ祭典ヲ挙行セラレ、即チ死者ノ游魂固ヨリ既ニ帰スル所ロアリ、（中略）希クハ有志諸君ト謀リ、以テ県庁ノ允可ヲ乞ヒ、将ニ一小社ヲ此地ニ建設シ、私ニ招魂ノ祭典ヲ行ヒ、死者ノ戚属ト共ニ悲哀痛悼ノ至情ヲ暢へ、聊カ親近同胞者ノ国難ニ殉スルモノニ報ユルノ義務ヲ尽サントス。（以下略）

こうして、広く**醵金活動**が開始された。翌一一年三月には、招魂社発起総代から、同社敷地（七畝二〇歩）の提供者に対して、「招魂社敷地寄附謝状」が発せられ、「衆ニ代リ斯ニ其篤志厚義ヲ謝ス」と、謝状は結んでいる。

この**錦着山招魂社**（遺骨なし、後の**錦着山護国神社**）の創建年月日は、不詳であるが、**栃木県出身の西南戦役戦没者六五名**が合祀されたのである。また同時に、**天狗党関係者**や、**出流山の挙兵戦没**

現在の錦着山護国神社（旧招魂社）

同上

者一〇名も祀られたという。既述のように、彼らは当時は「賊軍・賊徒」であったが、明治政府により、官軍として位置づけられたのである。

また同社は、国庫から経費が支出される「**官祭招魂社**」ではなく、地元の人々によって運営される「**私祭招魂社**」であった。ちなみに、東京招魂社は当初から官祭であり、既述の宇都宮招魂社も、

錦着山から北方の出流山方面を望む

「日露戦役忠魂碑」
（錦着山護国神社）

やがて官祭となる。

全国の招魂社が**「護国神社」**と改称するのは、**「十五年戦争」（アジア太平洋戦争）**下の、昭和一四年四月一日からである。日本の敗戦後の、同五三年七月現在で、錦着山護国神社の**祭神（英霊）**は、**「明治戊辰から大東亜戦争」**までの、**「下都賀郡二市八町の二千三百余柱」**とされている。このように「ムラやマチの靖国」「地域の靖国」として、地域社会の内戦戦没者と対外戦争戦没者が、現在も公的に**ホトケ**ではなく、**カミ**として祀られている。

周囲を眺望できる同社境内には、現在、対外戦争の**「征清役忠死者哀悼之碑」「日露戦役忠魂碑」「支那事変大東亜戦争　戦没者慰霊碑」**、などが建立されている。

「支那事変大東亜戦争　戦没者慰霊碑」
（錦着山護国神社）

三　戊辰野州梁田役と殉難戦没者

慶応四（一八六八）年一月三日、**京都**で「**鳥羽伏見の戦い**」がおこり、**戊辰戦役**が始まった。これは「**錦**《にしき》**の御旗**《みはた》」「**錦旗**《きんき》」を掲げ、「討幕」を目的とする**新政府軍**（**官軍・西軍**）と、**旧幕府軍**（**賊軍・東軍**）との戦いであった。この戦いに関しても、すでに前著（2023）で言及している。

ただし、「**公武合体**」の立場にあった**土佐藩**（外様、内高約五〇万石、城址は高知県高知市）は、西軍に与したものの、この戦いは、「**薩長と会桑**（会津・桑名）の私闘」であるとして、土佐藩兵の参戦を禁じたという。しかし、**乾**（**板垣**）**退助**（後の自由党総裁）らの武力討伐派は、この命令を無視して、伏見竹田街道の戦闘に参加した。そして、錦旗も与えられことにより、土佐藩は官軍「**薩長土肥**」として、名を連ねることになる。

この鳥羽伏見の戦闘で、討幕派の西軍たる「薩長」の勝利を見て、**上州館林藩**の藩論は、「**勤王**」に統一された（同年九月八日に明治改元）。ただし、藩主の秋元礼朝は、幕府の要職「奏者番」を務めていたため、幕府の官軍対策会議に藩の重臣を参加させたこともあって、薩長からはその態度を疑われていたという。

なお、歴史教科書では、翌明治二年五月の「**箱館の戦い**」（**箱館戦争**）までを「戊辰戦争」とし

西軍の「己巳役海軍戦死碑」
（明治6年12月建立、函館市船見町）

「鳥羽伏見戦跡」碑
（京都市伏見区中島秋ノ山町）

ているが、地元北海道では、明治二年は「巳年」であることから、「戊辰」とは区別して「**己巳《きし》戦役**」と称している。実際、明治新政府の「**論功行賞**」も、両者を区別していた。

慶応四年一月七日には「**慶喜追討令**」が発せられ、京都から**東征軍**（官軍・西軍）が、江戸をめざして進軍を開始した。同軍大総督には、かつての**和宮《かずのみや》**（兄は孝明天皇）の婚約者であった、**有栖川宮熾仁《たるひと》親王**（後の陸軍大将）が任じられる。

菊地・伊藤編（1998a）によれば、鳥羽伏見から敗走し、江戸に退却した旧幕府軍のなかに、**歩兵第十一連隊・同十二連隊**なるものがあったという。両隊は主として、大坂近辺の武士階級以外の志願兵によって構成され、気性の荒い無頼漢揃いの部隊として知られていた。

一月下旬、彼らは江戸三番町の**歩兵屯所**（後の靖国神社参道、千代田区九段）に収容されたが、おとなしくしていられず、翌二月七日、当直の士官数名を銃殺し、**四〇〇名**の兵士が集団脱走した。彼らは野州方面に向かい、各地で暴行・略奪を繰り返したという。

この脱走部隊を鎮撫するために派遣されたのが、当時、幕府歩兵差図役の**古屋佐久左衛門**（筑州生まれ、弟は高松凌雲、後の衝鋒隊隊長）であった。古屋は同志で元京都見廻組与力頭であった、**今井信郎**《のぶお》（幕臣子息、後の衝鋒隊副隊長）らと共に、二月中旬に江戸を出発した。今井は、京都見廻組隊長の**佐々木只三郎**（父は会津藩士、幕臣養子）らと、**京都近江屋**で、土佐の**坂本龍馬**（三三歳）・**中岡慎太郎**（三〇歳）の暗殺に関わったとされている（異説あり）。

二月一六日、古屋隊は**野州佐久山**（大田原市）で脱走隊に追いついた。脱走隊は逃げ切れないと諦めて、古屋らの説得に応じて降伏したという。その後、脱走隊三七〇余名は同二四日、江戸へ帰る途中の**武州羽生**《はにゅう》（埼玉県羽生市）で、一時的に、**武州忍藩**《おし》（譜代一〇万石、城址は埼玉県行田市）に預けられた。やがて古屋は、この部隊を自らの手勢として取り込むことになる。

古屋は二月下旬、**「信州鎮撫」**を命じられ、歩兵頭並格となり、約四〇〇名の部隊を指揮することになった。**信州中野**（長野県中野市）の幕領、一四万石が与えられるということで、翌三月一日、古屋らは江戸を出発した。そして同四日、武州羽生陣屋に到着し、ここに四日間滞在することになる。翌五日には、忍藩から既述の脱走隊を受け取り、古屋隊は**約八五〇名**ほどの部隊となった。他からの参入者もあったのであろう。そして軍の陣容が整えられ、古屋は同隊の総督となった。

この間、館林藩主の礼朝は、直ちに勤王の志を表明すべく三月三日、**中山道**を通る上洛の途に就いた。またこの頃、幕閣として**主戦論**を唱えたため、将軍慶喜に罷免された、元陸軍奉行兼勘定奉行の、**小栗上野介**《こうずけのすけ》（**忠順**、旗本二七〇〇石、父も旗本）は、知行地の**上州権田村**《ごんだ》（高崎市倉渕町）の**東善寺**（曹洞宗）に隠居する。既述の「薩摩藩邸焼き打ち事件」は、小栗の指揮によるものとされていたから、小栗はとくに薩摩から恨みを買っていたのである。

東善寺

小栗上野介胸像
（東善寺）

その後、小栗は**挙兵**したとして、同村で**家臣三名**と共に、**烏川河原**で西軍により**斬首**（四二歳）された。隠居から約二ヵ月後の、閏四月六日のことである。「罪なくして斬られた」のであった。妻の道子らは、苦難の末に会津若松に逃れた。

小栗らの首級は、青竹に刺して、近くの道端の土手の上に**晒されたと**いう。そして九日には、館林にて首実検の後、首級は**館林法輪寺**（曹洞宗、館林市朝日町）に**埋葬**される。一方、**首のない遺体**は、権田村民によって、**東善寺境内に埋葬**された。

また、養嗣子の**小栗忠道**（**又一**、二一歳）は、用人の**塚本真彦**《まひこ》（三七歳）と共に、**高崎藩**牢屋敷内の刑場で**斬首**された。さらに、**塚本の幼い二人の娘**も犠牲になった。後に小栗の首級も同寺に戻り、小栗父子らの墓碑が同寺に建立される。

現在、烏川沿いの小栗斬首の地（本来は河原）には**慰霊碑**、**「偉人小栗上野介　罪なくして此所に斬らる」**（岳南蜷川新書）が、建立（昭和七年五月、倉渕町水沼）されている。

同地の烏川支流の**相馬川**には、塚本の娘の**「姉妹観音」**も、小栗上野介顕彰会により建立（平成五年一一月）されている。「同由来碑」には、次のように記されている。

> 幕末動乱の嵐はここ倉渕の里にも吹き荒び、多くの犠牲者を出した。小栗家用人塚本真彦の家族も西軍の探索を逃れ、権田村より七日市藩の縁者を頼って脱出の途次、三歳と五歳の童女二人はこの地で殉難し、相馬川の渕に沈められた。時に慶応四年閏四月七日。近年この悲惨な事

実が判明、百廿六回忌に当り姉妹の観音像を建立し、慰霊するものである。（句読点筆者）

このように**小栗以下の殉難者**は、旧幕臣関係者ゆえに靖国合祀されることはなく、**ホトケ**として祀られている。

「小栗上野介忠順墓」（右）と「小栗又一忠道墓」（左）

卒塔婆「為小栗忠順公父子主従並殉難村人」

一方、**東山道先鋒総督**の**岩倉具定**《ともさだ》（公家、父は具視、後の宮内大臣）率いる**西軍**（**東征軍**）が、信州から**碓氷峠**を越えて三月六日、上州に入り、八日には**高崎城**に入城し、城下に本陣を置いた。具定はまだ一七歳であった。

翌九日、**上州倉賀野宿**（群馬県高崎市）にて、礼朝は西軍に足止めされることになる。その参謀には、土佐の**板垣退助**・薩摩の**伊地知**《いじち》**正治**（後の宮中顧問官）がいた。礼朝は岩倉に謁見を願い出るも、許されず、かえって上洛決定が遅れたとの理由により、館林での**謹慎**を命じられた。同軍は、

小栗の慰霊碑
（倉渕町水沼）

姉妹観音
（倉渕町水沼）

同一五日に**「江戸城総攻撃」**の予定であったという。

そしてこの九日には、館林の北西八キロの渡良瀬川南岸にある、既述の日光例幣使街道の**野州梁田宿**（足利市梁田町）で、東西両軍の武力衝突がおこった。**「戊辰野州梁田の戦い」**（**梁田役・梁田戦争**）である。

これは、関東における戊辰戦役の、最初の本格的な戦いであり、また、東山道先鋒総督隊の最初の戦闘でもあった。同部隊は、上州高崎城下から中山道を江戸方面に向かい、**武州熊谷宿**（埼玉県熊谷市）方面に至った。さらに斥候武隊は、既述の東軍古屋隊の情報を得て、熊谷宿から北方の、例幣使街道の**上州太田宿**（群馬県太田市）方面に展開したのである。これが、薩摩の**川村与十郎**（純義、後の海軍大将）率いる、薩長と**濃州大垣藩**（譜代一〇万石、城址は岐阜県大垣市）ら、**西軍約二〇〇余名**の部隊であった。そして同部隊と、東軍古屋隊が交戦することになる。西軍は、東軍に挟撃されることを怖れていたという。

すでに足利・館林両藩も、西軍に恭順していたが、館林藩の勧めで、東軍は梁田宿に宿泊することになったという。梁田宿は、北側を流れる**渡良瀬川**《わたらせ》待ちの目的で設置され、隣の**「八木節」**発祥地たる**八木宿**（足利市）と合わせて、一宿扱いで繁盛していた。

梁田宿往還の長さは、一〇町一八間（約一一三〇メートル）、宿内町並は東西五町五五間（約六五〇メートル）のほぼL字形で、両側に家並が続いていた。家数一〇五軒・本陣一軒・旅籠屋（楼閣）三〇余軒を数え、**飯盛女**《めしもり》も多かった。

付近の村々から、戦いの**見物人**が黒山のように押し寄せたというが、梁田役の模様は、次の通りであった（カギカッコ内は筆者加筆）〔足利市史 1997〕。

旧幕軍が梁田宿で宿営したという情報を得た官軍は、直ちに太田を発し、梁田へ急行した。八木〔宿〕を通過し、上渋垂村で戦闘態勢を整えたときは、朝の六ッ半（午前七時）過ぎであった。本郷の手前で二手に別れ、長州隊は右側に、薩摩・大垣隊は本街道を進み攻撃を開始した。

東軍は、寝込んでいたところを襲われたのである。また濃い朝霧のため、視界が遮られ、混乱を極めたという。東軍は数倍の敵を相手にしていたと思い、西軍の兵力を全く把握できていなかった。こうして、

四時間におよぶ戦闘の結果、虚を衝いた官軍方の圧倒的な勝利に終わった。歩兵方（旧幕軍）は、多数の死傷者を出し、大砲・鉄砲などの武器を奪われ、終に茂木村・野田村へ後退して、高橋村の〔渡良瀬川の〕渡しを渡り、田沼町〔野州〕へとおちていき、奥州〔東北地方〕へとむかった。官軍はその夜梁田宿に泊り、再び熊谷へと戻っていった。

という〔足利市史 1997〕。

この戦闘により、梁田宿では、寺院一つと民家四〇軒が焼失し、**死者一名**・負傷者四名を出した。**東軍戦没者**は、梁田宿分**六三名**・加古村分**三名**・茂木村分**二名**・下渋垂村自性寺分**二名**とあり、各村で埋葬者を引き取ったのであろう。**合計七〇名**となる。また、負傷者は八〇余名であった。一方、**西軍戦没者は三名**とされ、彼らの遺体は武州熊谷に運ばれたという。

「戊辰戦役幕軍之墓」碑
（自性寺）

例えば現在、**自性寺**（真言宗、足利市下渋垂町）の山門の右側には、**「戊辰戦役幕軍之墓」碑**が建立されているが、実際の墓は確認できないという。

館林藩は梁田での**砲声**を聞いて、郊外に守備兵を出し、敗走の**東軍卒二名**を捕縛した。そして戦闘後、藩主秋元父子は西軍の戦勝を労った。翌一〇日、長州隊が館林本陣で休憩した際に、大砲・玉薬および捕縛した二名を差し出し、勤王の意志を表明したという。その二名は翌日、西軍により**打首**になった。

古屋らは、信州に向かうことを断念し、渡良瀬川を渡り北進して、**奥州会津**（福島県会津若松市）に向かうことになった。この会津で、彼らは**「衝鋒隊《しょうほうたい》」**と名乗り、古屋は隊長となる。西軍は一五日に予定されていた、「江戸城総攻撃」の準備があり、深追いはしなかった。

当時、館林藩はまだ参戦していなかったが、当時一八歳であったという、ある同藩兵は、次のように述懐している〔官祭館林招魂社 1937〕。

当時は戦争などというものは絵草紙より外に見たことがなかった。それが戊辰の始め京都の鳥羽で戦があった。正月の始めだったたか、戦の様子は一向にわからん。そうでせう、十八里の江戸まで一晩泊りの距離だから、まして京都の様子などわからう筈がない。京都からの飛脚が六七日もかかった。其時分は一刻は今の二時間にあたる。だから戦の道理などとんとわからない。それから梁田に西国から官軍が下り始めて戦争があった。館林の騒は大したものだった。

梁田役の砲撃音が聞こえて、館林城下は大混乱に陥ったようであるが、当時の地方の武士・庶民らは、世の中で一体何がおこり、時代がどのように動いているのか、国内情勢を把握できていなかったのである。

西軍に与した同藩は、慶応四年四月三日、官軍として野州・常州（茨城県）方面に、初めて**藩兵五四名**を出兵させた。これが戊辰戦役への初参戦であり、以来、同藩兵は広く奥州方面で転戦していく。最終的な出兵者は、**計六九八名**であった。

出陣する同藩士らは、

錦の肩印を軍表に飾り、官軍として戦場に臨む面目は、いささか誇るにたるものあると同時に、館林藩名を汚さざるを専心こころがけ、武士道の信条たる、いやしくも生還を期せずとの覚悟なかるべからず

と、互いに顔を見合わせたという〔館林市誌 1969〕。

同藩初の戊辰戦役戦没者は、「**江戸無血開城**」直後の四月一六～一七日、**総州武井村**（茨城県結城市）、および**野州小山宿**（栃木県小山市）での戦闘で落命した、歩卒隊長の**石川喜四郎**（三五歳）以下、**四名**であった。このうち、石川以下三名の墓碑は、**結城泰平寺**（結城市）に建立され、公費から維持管理費が支給される、**官修墓地**（**官軍墓地**）となった。

現在、足利市梁田町の**長福寺**（曹洞宗）には、**東軍戦没者六四名**（一名追加か）を埋葬した、「**梁田戦争戦死塚**」が建立されている。その案内板「足利市重要文化財（史跡）**梁田戦争関連史跡梁田戦争戦死塚**」（昭和四二年九月一九日指定、平成一七年二月二四日名称変更　足利市教育委員会）には、左記のようにある〔現地調査〕。

（前略）いわゆる梁田戦争にたおれた幕軍戦死者の墓である。（中略）梁田戦争直後村民の手により渡良瀬河原に合葬し墓碑を建てたが、その後河流の変遷のため、明治四十三年に星宮神社傍らに碑を移し遺骨は現在地に改葬、昭和六年に碑も現在地に移して

今日に至っている。

また同寺境内には、大正一三（一九二四）年九月建立の、**「明治戊辰梁田役　東軍戦死者追弔碑」**がある。その案内板（前掲同様に足利市重要文化財（史跡））には、次の通り記されている（現地調査）。

結城泰平寺の「官軍　館林藩士」の墓碑

長福寺

（前略）裏面には「大正十三年九月　従軍衝鋒隊士　従四位勲三等内田万次郎建立」とあり、さらに尽力者「真下菊五郎」（以下略）の五名が刻まれている。

（中略）内田万次郎は幕府軍として父と共に参戦し、その後も五稜郭の戦いまで各地を転戦した。戦後、大蔵省印刷局に奉職し、退職後碑を建立した。

「梁田戦争戦死塚」
（長福寺）

「明治戊辰梁田役　東軍戦死者追弔碑」
（長福寺）

戊辰戦争慰霊碑や墓碑において、幕府軍の名を刻んだものが少ない中、「東軍」と幕府軍であることを刻む当碑の歴史的価値は高い。

建碑は戦役に参加した、後の衝鋒隊士らによるものであったが、**真下菊五郎**（上州出身）とは陸軍歩兵中尉で、『**明治戊辰　梁田戦蹟史**』（1923）を著した人物であった。また同碑に隣接して、日露戦役から日本の敗戦に至る、**一六名**の「**戦没者之碑**」が、遺族により建立（平成元年九月）されている。

さらに梁田町に隣接する、**崇聖寺**（臨済宗、足利市久保田町）境内には、「**衝鋒隊軍監柳田勝太郎之墓**」（天光書）がある。その碑文の概容は次の通りである（現地調査）。

会津藩士小右衛門ノ長子ナリ（中略）幕軍古屋作左衛門隊ノ軍監トナル三月九日梁田ニ戦ヒ身数銃創ヲ被リ自刎シテ死ス享年二十四従者其ノ首級ヲ葬リテ去ル後父小右衛門（中略）遂ニ首級発見シ北会津郡大龍寺柳田家ノ先塋ニ葬ル而シテ遺骸ノ在ル所ヲ審ニセズ以テ遺憾トナス（中略）偶真下中尉著梁田戦蹟史ヲ読ミテ墳墓ノ在ル所ヲ識ルヲ得タリ勝太郎一女有リ直子トイフ膳所藩士河合舜吉氏ニ適ク之レヲ聞キ大イニ喜ビ石ヲ立テ之ヲ表ス

大正十四年三月九日

季弟　柳田皎謹識

建碑尽力者

陸軍歩兵中尉真下菊五郎以下四名

負傷して自ら命を絶った、若き**会津藩士の墓碑**で、遺族らにより、六〇年近く経った命日（三月

「戦没者之碑」
（長福寺）

「衝鉾隊軍監柳田勝太郎之墓」
（崇聖寺）

九日）に建立された。このように、梁田役における東軍戦没者は、**カミ**ではなく、寺院において**ホトケ**として祀られている。

一方、大正初年には、**梁田村**（梁田郡、御厨町を経て昭和三七年に足利市編入）に、招魂社が創建された。現在、**梁田公民館**（足利市福富町）の敷地内に、その**梁田招魂社**（遺骨なし）がある。同地の**「奉讃之碑」**（昭和四八年二月建之）には、左記のようにある〔原文はヨコ書き、現地調査〕。

招魂社社殿は大正初年南猿田増田良助氏の寄付により、梁田小学校地内に建立し村内日清日露戦役以降の戦没者を合祀し軍人分会が祭祀を行っていたが、昭和二十年大東亜戦争終戦によりやむなく小生川鹿島神社境内に移し遺族会が祭祀管理に当たっていた。然し昭和二十九年世情の著しい復興と梁田村の御厨町合併に当面し地区住民挙って賛仰祭祀すべく役場敷地内に奉遷し、併せて忠魂碑を建立したが、公民館建設に伴い昭和四十八年度三度この地に遷宮し現在八十八の英霊が合祀されている。

同社は、もともと**梁田小学校**敷地内（福富町）に建立され、**帝国在郷軍人会梁田村分会**によって、慰霊活動が行われていたようである。その後、神社境内を経て、**梁田村役場**敷地内（現在の公民館より少し南方）に移り、最終的に現在地に移転した。また同地には、旧梁田宿にあって幹に砲弾を受けた、**「梁田戦争砲弾の松」**も移されている。

現在、同社祠の両側には、それぞれ「忠魂碑」（遺骨なし）が建立されている。向かって**右側の「忠魂碑」**（明治四三年三月一〇日建立、旧忠魂碑とする）は、橋本陸軍伍長以下、同村の**日露戦役戦没者六名**を祀っていた。建立は**「陸軍記念日」**の日付である。

また、**左側の「忠魂碑」**（前靖国神社宮司・元陸軍大将鈴木孝雄書、昭和三〇年一月建設、新忠魂碑と

現在の梁田招魂社

「梁田戦争砲弾の松」（左）と「奉讃之碑」（右）

招魂社祠

右側の旧忠魂碑

する）は、岩井田陸軍輜重輸卒以下、**日露戦役**（**明治三十七八年戦役**）から**「大東亜戦争」**（**太平洋戦争**）までの戦没者、**八八名**を祀っていた。題号揮毫者の**鈴木孝雄大将**（群馬県立前橋中学校卒、兄は鈴木貫太郎）は、日中戦争下で、**靖国神社初の「軍人宮司」**（**第四代**）となった。

旧忠魂碑に刻まれた六名の氏名は、新忠魂碑にも確認できることから、旧忠魂碑の戦没者は、改めて新忠魂碑に**合祀**されたことが読み取れる。つまり、「奉讃之碑」に記された忠魂碑は、新忠魂碑のことであり、**同社の祭神数八八柱**は、新忠魂碑に祀られた戦没者数と合致することになる。ただし、同村の**日清戦役（明治二十七八年戦役）**戦没者を確認することはできず、また、戊辰戦役などの、**内戦戦没者**も祀られていないようである。同社は「**ムラの靖国**」「**地域の靖国**」として、旧梁田村出身の**対外戦争戦没者（忠魂）**を**カミ**として祀る、**慰霊顕彰施設**であった。

左側の新忠魂碑

四　会津戊辰戦役と殉難戦没者

1　はじめに

会津戊辰戦役と戦没者慰霊に関する詳細は、拙著『反政府軍戦没者の慰霊』（2013）を参照されたいが、また前著（2023）でも、その概容は述べている。同戦役は、広義には、会津藩が本格的に関わった、**白河城攻防戦**から**会津鶴ヶ城攻防戦（会津落城）**までの、一連の戦役を指すと考えられる。一方で狭義には、同鶴ヶ城攻防戦を意味するものであろう。

すでに前著でも紹介したが、平成二一（二〇〇九）年当時、**会津松平家十三代当主の松平保定**《もりさだ》（八三歳）は、**会津磐梯山**と**猪苗代湖**に臨むマンションに暮らしていたという。近くには、藩祖の**保科正之**（祖父は家康）を**火葬**ではなく**土葬**し、**神葬**によりカミ（**土津霊神**）として祀る、**土津神社**《はにつ》（旧県社、猪苗代町）もある。同社は「**東北の日光**」と称されていた。

その保定には、同九月一五日付の『朝日新聞』（夕刊）によると、

定年退職後、人柄を見込まれ、「靖国神社の宮司に」と打診があった。辞退したが、「どうし

ても」と要請された。靖国神社は、戊辰戦争での新政府軍側の戦没者を慰霊したのが、その始まりである。

三ヵ月、悩んだ。他の神社ならともかく、最終的に断った。「薩長がまつられ、賊軍とされた会津の戦死者がまつられていないのに、会津人としてお受けするわけにはまいりません」

土津神社

同上

と述べたという〔朝日新聞 2009〕。

つまり、**会津藩校「日新館」**での教えにあったように、**「ならぬことはならぬ」**のであった。「会津の殿様」として、旧藩士らの遺志・世論を代弁したのであり、現在でも会津は、「戊辰の残照」のなかにあるのである。なお、会津藩は神道が盛んで、それは**会津神道**と称され、独自の展開をしたとされている。

なお、**藩祖・藩主等を祭神**とする神社は、近代以降、全国で創建された。代表的なものとしては、**青葉神社（仙台）**・**米沢神社（米沢）**・**常磐《ときわ》神社（水戸）**・**照国《てるくに》神社（鹿児島）**・**豊栄《とよさか》神社（山口）**・**山内神社（高知）**、などが挙げられる。

そもそも、幕末の**奥州会津藩**（家門、実高約七〇万石、城址は福島県会津若松市）の悲劇は、文久二（一八六二）年閏八月に、九代藩主の**松平容保《かたもり》**（濃州高須藩出身）が、新設の**京都守護職**に就任したことに始まる、とされている。容保は重臣の反対を押し切って、同職に着任したが、京都の治安維持を担当する**新選組**は、その配下に置かれた。また、侠客の**会津小鉄**（坂上仙吉）も、同藩のために活動した。同藩は討幕派から、**「朝敵・賊軍の巨魁」**と位置づけられる。

同藩の本陣は、京都黒谷の**金戒《こんかい》光明寺**（浄土宗大本山、通称は黒谷本山・新黒谷）で、同地には、**会津藩殉難者墓地（京都会津墓地）**が造成される。現在、**二六一名**（異説あり）が埋葬されているというが、とくに東軍戦没者の埋葬作業には、会津小鉄が深く関わっていた。

「戊辰戦役」の嚆矢となった、**「鳥羽伏見の戦い」**直後の、慶応四（一八六八）年一月七日、**「慶喜**

追討令」が出された。そして、西軍の西国平定が確実になると、翌二月三日には「**親征の詔**」が発せられる。これにより既述のように、西軍の「東征」が本格化していくのである。

同一二日には、慶喜が江戸城を出て、徳川家菩提寺である、**上野寛永寺**（東叡山、天台宗大本山、上野公園）で謹慎することになる。同寺の実収は三万五〇〇〇石余で、子院は三六坊、寺域は

水戸の常磐神社

金戒光明寺

会津藩殉難者墓地（京都会津墓地）
（金戒光明寺）

三六万坪といわれた。

江戸では、三月に予定されていた、西軍による江戸城総攻撃は回避され、翌四月一一日の「江戸無血開城」に至った。しかし、これに不満を抱き、上野山内に結集していた**東軍彰義隊**は、翌五月一五日の**「戊辰上野の戦い」（上野戦争）**で、一日にして西軍に敗北した。時の西軍指揮官は、後に**「日本陸軍の父」**と称される、長州藩士で軍務官判事の**大村益次郎**（防州の医者、明治二年暗殺される）であった。

「戊辰上野の戦い」と戦没者慰霊に関する詳細についても、拙著（2013）を参照されたいが、**東軍彰義隊戦没者は二六〇余名**（異説あり）とされている。その遺体は、見せしめのため**「三日間晒された」**という。

これを見かねた、三ノ輪の**円通寺**（曹洞宗）の住職たる**仏磨**と、侠客の**三河屋幸三郎**らは、**「死ねば敵も味方もない」**として、彰義隊士の遺体回収を実施した。そして、この**遺体二六〇**を上野山内で**茶毘**に付すのである。その場所が、現在の**上野彰義隊墓所**（東京上野公園）であった。同所では現在でも**仏式**、つまり**日蓮宗**により**慰霊供養**が行われ、カミではなく、**ホトケ**として祀られている。

なお、大村は戊辰戦役後に、**東京招魂社**（後の**靖国神社**）の創建（明治二年六月）を主導することになり、後に同社参道には、上野の彰義隊を睨み続ける、**大村銅像**が建立される。戦没彰義隊士も「反政府軍」ゆえに、同社に祀られることはなかった。

会津弔霊義会編『戊辰殉難追悼録』（1978）は、会津城下の**東軍戦没者**に関して、

（前略）飯盛山を始め、城の内外に散乱している忠勇戦死者の数多い遺体を埋葬することも

上野彰義隊墓所
（東京・上野公園）

大村益次郎銅像
（靖国神社）

又重要問題の一つであった。これら遺体は月日の経過と共に風雨にさらされ、山鴉野犬の食らうところとなり、その惨状は見るに堪えないものであった。義に富んだ旧会津藩士は、若松融通寺駐在の参謀にその埋葬のことを数回に亘って請願懇請したが、賊軍の名のもとに許されず、もし屍体を処理するものがあったなら厳刑に処せられる有様であった。

と記している。

このように、東軍戦没者は**「賊軍」**の名の下に、暫くの間、埋葬が許されなかったという。ここでは**「戊辰戦役の天王山」**とされた、会津戊辰戦役において、殉難戦没者に関して再考してみたい。

2　白河城攻防戦と殉難戦没者

奥州白河関（福島県白河市）は、**「奥羽の関門」**と呼ばれ、奈良時代には「奥羽の三大関門」の一つであった。この**奥州街道**の白河を、**東軍**が死守できるかどうかで、戊辰戦役の勝敗は決せられると考えられていた。したがって東軍としては、何としても**西軍**を**「白河以北」**に、一歩たりとも侵入させてはならなかったのである。

慶応二（一八六五）年一二月五日、**徳川慶喜**が十五代将軍となるも、同下旬には**孝明天皇**（息子は明治天皇）が急逝し、**京都守護職**を任されていた**会津藩**は、大きな後ろ盾を失うことになる。

小峰城址

一方、奥州では同二年、**白河藩**（譜代一一万石、城址は白河市）の藩主**阿部家**は、**奥州棚倉藩**（譜代一〇万石、城址は福島県東白川郡棚倉町）に移封となり、白河は**幕領**となった。その後、**白河城（小峰城）**は、**奥州二本松藩**（外様一〇万七〇〇石、城址は福島県二本松市）の、丹羽家の預地となり（初代白河藩主は丹波長重）、幕末には領主不在の**「空き城」**となっていた。つまり、城主も直属の藩兵もいない城であった。

その上、同城は堀も狭く、「奥羽の関門」にしては防備が極めて手薄な城であった。かつてこの城を見た**伊達政宗**（初代仙台藩主）は、この城は朝飯前に落とせると語ったという。

そもそも奥羽の中部以北の地域は、**豊**

臣秀吉の「**奥羽仕置き**」以来、江戸時代を通じて、概して外様の旧族大名が配されていた。これに対して、「奥羽の関門」を抱える現在の福島県地方には、「**奥州の押さえ**」として、中央権力の息のかかった**譜代**の取り立て大名が配置された。その最たるものが会津藩であった。

慶応四年二月三日、「親征の詔」が発せられたが、翌四日、会津藩主の松平容保は、家督を養子の**喜徳**《のぶのり》（一四歳、将軍慶喜の実弟）に譲った。喜徳は第十代藩主となり、容保は会津城下に謹慎し、西軍に対して恭順の意を表明した。

翌三月二日、錦旗と共に京都を発った、**奥羽鎮撫総督**の**九条道孝**（公家、左大臣）の部隊四〇〇名余は、大坂から海路で東北に向かい、同一九日、仙台藩領の**松島**に上陸した。すでに一月、**奥州仙台藩**（外様、内高一〇〇万石、城址は仙台市）に対しては、「**会津征討令**」が発せられていたが、九条総督は改めて、仙台藩ら奥羽諸藩に対して、会津征討令を発したのである。

もともと仙台藩は、会津藩とは立場を異にしていた。とくに薩長とも、対立した関係ではなかった。しかし突然、西軍が仙台領に進駐し、仙台藩を罵倒して、会津攻撃を命令したことで、事態は急変したという。

つまり、会津藩をめぐる奥羽の政情は、一挙に緊張の度合を高めていったのである。当時の俗謡には、「九丈（条）梯子に半鐘かけて火（非）のない合図（会津）を撞く（討）たりょうか」、とある。

こうして、いわゆる「**沿海五大藩**」（薩摩・長州・土佐・加賀・仙台）のうち、仙台藩のみが東軍に与することになった。

戊辰戦役には、米国の**南北戦争**（一八六一〜六五年）で使用された**武器**が、流通したというが、会津藩が所持する兵器は、旧式のものであった。一方の西軍は、最新鋭の連発銃等を多数所持していたという。会津藩の**軍制改革**（戦闘準備）は、薩長に比べて、著しく遅れていたのである。

慶応四年四月一一日、「江戸無血開城」により、慶喜は江戸から水戸に退去するが、同二四日には、「奥羽で最初の戦闘」が開始された。つのり**「東北戊辰戦役」**の火蓋が切られたのである。それは奥羽鎮撫総督府が、**羽州庄内藩**（鶴岡藩、譜代一四万石、城址は山形県鶴岡市）の征討を決したことに始まった。とくに会津と庄内の両藩は、すでに軍事同盟たる**会庄同盟**を結んでいた。

西軍は、薩摩藩士で参謀の**大山綱良**（後の鹿児島県令、西南戦役後に斬首）や、長州の**桂太郎**（後の陸軍大将・首相）に率いられた、二〇〇名弱を派遣した。同鎮撫軍兵力の半分が投入されたという。西軍に与した、**羽州新庄藩**（外様六万石、城址は山形県新庄市）の道案内により、庄内領内に侵攻し、西軍は二四日未明、庄内軍を急襲したのである。

これが最上川筋の、**清川村**（山形県東田川郡庄内町清川）での戦い、つまり**「羽州清川の戦い」**であった。同村は幕府浪士隊の中心人物であった、**清河八郎**（郷士、実家は豪商、京都見回組に暗殺される）の出身地であった。庄内藩も西軍の来襲を察知して、強力な防御態勢を整えていたという。当初の戦況は、西軍に有利であったが、近隣の多数の農民たちが庄内軍に協力し、反撃を加えたという。

戦闘は、早朝から昼過ぎまでの半日で終わった。西軍の戦没者**一二名**・負傷者九名、東軍の戦没

近藤の処刑地に建立された「近藤勇宜昌　土方歳三義豊　之墓」（近藤の遺体が埋葬され、戦没彰義隊士約 100 名の氏名も刻む。北区滝野川）

者は**少年兵を含む一七名**・負傷者一四名とされている（異説あり）。両軍痛み分けの状況であった。彼らは東北戊辰戦役での「最初の戦没者」であった。

結果的に、西軍は何も得るところはなく、庄内藩にいよいよ抗戦の意志を固めさせる結果となったという。後に新庄藩は、庄内藩の猛攻を受けて、城下は焦土と化し、**城も焼失**している。

なお、四月二五日には、会津藩の支配下にあった、新選組の**近藤勇**《いさみ》（武州多摩の農民出身、三五歳）が、中山道の**武州板橋宿**外れの**刑場**（東京都北区滝野川）で、**斬首**されている。その**首級**は同地で晒されたが、後に**京都**に運ばれ、**再び晒された**という。しかし首級は、最終的に何者かによって持ち去られた。また、会津若松の**天寧寺**（曹洞宗、東山町石山）には、**土方**《ひじかた》**歳三**（武州多摩の農民出身）によって、**「近藤の遺髪」**が埋葬された近藤の墓が建立される。

奥羽鎮撫総督府の参謀には、既述の大山と共に、長州の**世良修蔵**（庄屋子息、奇兵隊士）も、名前を連ねていた。奥羽諸藩から西軍に提出された**「会津救済嘆願書」**は、この世良によって受け取りを拒否されたという。

これにより、横暴な態度に終始した世良は、閏四月二〇日早朝、**奥羽福島城下**（福島藩は譜代三万石、城址は福島市）の**金沢屋**で投宿中、仙台藩の**姉歯武之進ら一三名**に襲われた。その状況は次の通りである〔佐々木 1977〕。

赤坂と遠藤が金沢屋の二階奥の部屋に踏み込んだ。酒に酔い、宿の飯盛女と同衾していた世良は、あわてて枕の下からピストルを出したが、運悪く弾が発射しなかった。裸で二階から飛び降りたが、石垣で頭を打ち砕いてしまい、そのまま捕らえられた。白石まで引き立てようとしたが、出血がはげしく福島で処刑することになった。

刑場は、**阿武隈川**に注ぐ寿川の河原で、**部下の一人と共に斬首**された。世良の死体は、川岸の堤に埋葬されたが、その後、大水により流失したという。また、**首級**は東軍白石の本営（白石城）に届けられ、森合村（白石市）の**月心院**に埋葬されたという。なお、**姉歯**は後に、白河城攻防戦（白河役）で**戦死**（二五歳）する。

こうして、奥羽諸藩は総じて西軍の対抗勢力となっていく。あくまでも話し合いによる解決を模索していた会津藩の期待も、潰えることになった。世良は、**東北を全面戦争**に引き込んだ元凶である、と見なされた。

現在、白石市北郊の**陣馬山**に建つ**世良の墓碑**（明治三年建立、宮城県白石市）には、その**首級**が埋葬されているというが、これに関して、歴史家の佐々木克は次のように言及している〔佐々木1977〕。

（前略）〈官軍〉側は戦争の責任を世良におおいかぶせることによって、東北人の目を死んだ世良の一身に注がせようとしたのである。世良に同情するつもりはないが、彼はいかにも不運な役廻りであったと思う。（中略）墓碑銘には、こう刻まれている。

明治戊辰年閏四月二十日於奥州信夫郡福島駅□□所殺年三十四

奥羽鎮無総督参謀長州藩士世良修蔵之墓

□□の所は削り取られて判読できない。それは「為賊」の二字であったといわれている。賊と呼ばれた屈辱に耐えかねた東北人が、こつこつと、そして怨念を込めて削り取ったに違いない。

また、県庁となった、福島市宮町の**福島稲荷神社**境内には、**「長州藩世良修蔵霊神」碑**があるという。世良は同地で**「霊神」**、つまり**カミ**として祀られている。

世良斬首の前日の一九日日、仙台・米沢両藩は、奥羽鎮撫総督に対して、**「会津征討解兵」**を通告していた。こうして、会津・仙台・二本松に、**棚倉藩**（譜代一〇万石、城址は福島県東白川郡棚倉町）などの藩兵からなる東軍は、白河に**約三〇〇〇名**の兵力を投入した。とりわけ会津藩は、この白河口に約一五〇〇名の大部隊を送り込んで、守りを固めていた。会津藩の総兵力は、約七〇〇〇名（異説あり）といわれている。

白河城下は、中央に**稲荷山**、西に立石山、東に雷神山があり、東軍はこれらの山頂に**砲台**を築き、防御を固めていた。稲荷山は仙台藩が、立石・雷神の両山は会津藩が守っていたという。西軍の最初の攻撃は、慶応四年閏四月二五日であった。

ところが、会津軍白河口総督の**西郷頼母**（藩老一七〇〇石）や、同副総督の**横山主税**《ちから》（若年寄一三〇〇石、父は家老）には、全く実戦経験がなかったという。これが何よりも致命的であり、西郷は強硬な非戦論者としても知られていた。新選組隊頭の**山口次郎**（二郎、**斉藤一**）らは、城を出て兵を郊外に展開させることを主張した。いわゆるゲリラ戦の提唱であったが、西郷総督はこれを許可しなかったという。会津藩は、完全に人選（布陣）を誤ったのである。

翌五月一日早朝、薩摩・長州・大垣・上州館林・武州忍らの、**西軍約七〇〇名**は、三方から白河城に**総攻撃**をしかけた。

この五月一日の戦いは、「最大の激戦」といわれ、とくに稲荷山付近で、最も激しい戦闘が繰り広げられた。突撃隊を率いた横山副総督（二五歳）も、**銃弾**に斃れた。占領された稲荷山を奪還せんとして、真っ先に山に駆け登り、被弾したという。

若年寄横山主税大将討死。首を同家の中小姓なる者屋敷に持ち帰り、厚く葬られたり

と、会津藩士は記録している〔星 1990〕。西軍の猛攻を前に、辛うじて横山の首級だけが、持ち帰られたのであった。また、

火飛電激、山崩れ、地裂れ、我が兵弾丸尽き、刀折れ、三百余人死す、仙台、棚倉兵もまた多く死傷、城遂に陥落

と『会津戊辰戦史』は伝えている〔星 2003〕。

正午過ぎには、西軍が白河城に入城し、**「錦旗」**を立てたという。一方の東軍は、それぞれ白河から逃れていった。

この日だけで東軍は、**会津藩二二二名**・**仙台藩八二名**・**棚倉藩一八名**など、**計三二六名**の戦没者を出した。全体の約七割は会津藩兵であった。これに対して、西軍戦没者は僅かに**一一名**（薩摩六・大垣二・長州一・黒羽一）であった。

この戦い後の状況について、福島県白河市（2006）は、

戦死者の死体は城下のいたる所に散乱していた。新政府軍に捕らえられた兵士は、新藏や円明寺地内の橋の上で斬られ、谷津田川に投げ捨てられた。

と記している。

このように、**東軍戦没者の遺体**は、各所に**放置**されたままであった。また、**捕虜**となった東軍兵士は、西軍によって斬られ、川に捨てられたことが分かる。同地の谷津田川には、後に**供養塔**が建立される。

兵力では絶対的に優勢であった東軍は、その戦略に全く失敗し、圧倒的な火力を有する西軍に大敗した。また地元の**農町民**を取り込み、地の利を生かして戦うことに、東軍は失敗したのである。

この東軍大敗直後の五月六日、仙台藩を盟主とし、会津藩と**羽州米沢藩**（外様約一八万石、城址は山形県米沢市）がこれを支えて、奥羽二五藩と越後諸国からなる**三一藩**により、**奥羽越列藩同盟**（以下、同盟とする）が成立した。東北・越後諸国は、西軍を迎え撃つ体制をようやく整えたのである。

また、同攻防戦の最中の五月一九日、西軍は再編され、**奥羽征討白河口総督**に**岩倉具定**が就任し、西軍の総兵力は**一〇万**といわれた。江戸では、既述のように五月一五日、上野の彰義隊が壊滅していた。

六月一三日には、**白虎足軽隊**（約八〇名）の**森新太郎**（一六歳）が**戦死**し、「白虎隊最初の戦没者」とされている。一六〜一七歳で編成された**会津少年白虎隊**は、身分によって士中隊・寄合（組）隊・

足軽隊に分かれていたが、その数は**総勢三四三名**（異説あり）であった。

一方で、非戦闘員の犠牲者も多かったであろう。典型的な事例としては、白河中町の町年寄で、問屋を兼ねた**常磐彦之助**が、西軍薩摩藩兵に**惨殺**され、その**首級**が大手門に**晒されたと**いう。余りにも東軍に協力的であった、という理由からである。また、白坂村の大庄屋の**白坂市之介**も、西軍兵士に**斬殺**されている。西軍に協力的ではなかった一般の人々も、排除されていったのである。

その後白河では、何度か東軍による攻撃が繰り返されたが、城を**奪回**することはできなかった。そして慶応四年七月二八日、土佐の板垣退助と、薩摩の伊地知正治の両参謀に率いられた西軍が、十数名の東軍兵士を打ち払ったのを最後に、足かけ四ヵ月、**一〇〇日間程**の白河城攻防戦は、西軍の勝利に終わった。長州藩の主力部隊は、越後方面で展開しており、白河の戦いは**土薩**が中心であった。

このように、**奥羽諸藩の「番城」**とされていた白河城が落ちたことで、奥州地方に西軍は津波のように流れ込み、戦局に重大な影響を及ぼすことになった。西郷総督は会津に帰還すると、敗北の責任を厳しく問われたという。

この間、西軍は新たに、一六歳の**明治天皇**を擁立（慶応三年一月践祚）した。これに対し、東軍は五月二四日、仁孝天皇の猶子で「戊辰上野の戦い」（五月一五日）から逃れてきた、明治天皇の叔父にあたる、天台座主の**輪王寺宮公現法親王**（後の**北白川宮能久親王**）を、同盟の盟主に就任させている。ただし、奥羽越の同盟が成ったとはいえ、同盟軍は必ずしも強固な一枚岩ではなかったのである。

また、西軍が上野の彰義隊を壊滅させた翌六月二日、**江戸城**では**西軍の「招魂祭」**が、**神式**により執行された。関東・東北等での西軍戦没者を、ホトケではなくカミとして祀るもので、**江戸での「最初の招魂祭」**と考えられる。

この時の**「祭文」**では、自軍（西軍）を**「皇御軍《すめらみいくさ》」**、対する旧幕府軍（東軍）を**「道不知醜の奴《みちしらぬしこのやっこ》」**と呼んでいた。つまり東軍戦没者は、「愚かでけがらわしいやつら」とされ、**国家祭祀**の対象から完全に排除されていったのである。この招魂祭は、**「靖国祭祀」**に繋がっていくことになる。

白河城攻防戦における、**会津藩戦没者は三五九名**、**仙台藩戦没者は二二三名**で、**東軍全体**では**七五四名**であった。そして**東西両軍**を合わせると、**約一〇〇〇名**の戦没者が出たとされている。**表1**は、**現在の「白河市付近での建碑状況」**である。白河での戦没者に関して、会津弔霊義会（1978）では、次のように記している。

西軍は勝ち軍であったので、戦死者の遺骸は始末され、その後の供養管理も行届いていた。それに引きかえ東軍は敗戦なる故に殆ど屍は山野に曝されて山の中、森の間、田圃の畦にあたら遺棄されたのであった。然るに地方人は却ってこの遺棄された屍に涙を注ぎ、（中略）香華を手向けて霊を慰めた。死骸の横たわった所には供養塔を建て、合葬の地には戦死者の墓を設けて法要が営まれた。（以下略）

表1　白河市付近での建碑状況

建立年月日	題　号	建　立　者	建　立　場　所	備　　考
明治2・2・11	東軍戦死者供養塔	?	白河市大工町・皇徳寺	慶応4年5月1日の戦死者11名
明治2	**戦死供養塔**	?	**白河市女石**（旧会津街道と旧奥州街道の分岐点）	**仙台藩戦没者150名余**を埋葬
明治17・5（戊辰十七回忌）	**銷魂碑**（旧会津藩主松平容保書）	地元住民・会津藩関係者	**白河市松並（乗越）**	**会津藩横山主税以下304名**の同藩戦没者を祀る
明治23・5・1（戊辰二十三回忌）	**仙台藩士戊辰戦没之碑**	旧仙台藩主伊達宗基	**白河市女石**（同上）	
明治24・5	会津藩戦死十二士之墓	親戚・故旧	白河市向新藏・常宣寺	慶応4年閏4月25日、「東軍勝利の日」に戦死。碑文には「城南常宣寺に葬ル者遊撃隊十二人トナス」とあり、「碑ヲ建テテ其忠節ヲ表ワス」とある
明治25・11	**捐躯報国（白河役陣亡諸士碑）**	発起人・旧長州藩主毛利元徳以下24名	**白河市本町北裏・長寿院**	西軍慰霊碑。同院には**西軍墓地（慶応戊辰殉国者墳墓）**あり
明治29（二十七回忌）	（旧会津藩士）**田辺軍次君之碑**	白河会津会	**白河市松並（乗越）**	会津藩の敗北は白坂宿の**太平八郎**が西軍の道案内をしたことが原因と考え、田辺は明治3年8月に太平を殺害し、その後自害した。21歳。当初、田辺の遺体は白坂の観音寺に埋葬されたが、明治29年に現地に改葬される
大正4	戊辰　薩摩藩戦死者墓	薩摩藩	白河市郭内・鎮護神山	西軍
昭和6	二本松藩士慶応戊辰役戦死之霊	旧二本松藩関係者?	白河市円明寺・丹羽長重廟	戦没者23名。丹羽長重は初代白河藩主
?	棚倉藩鎮英魂碑	棚倉藩関係者?	白河市南湖	東軍
?	**長州大垣藩戦死六名墓**　慶応四年戊辰閏四月廿五日	長州・大垣藩関係者?	**白河市松並（乗越）**	慶応4年閏4月25日の戦没者。当初は**薩摩藩兵7名**も埋葬されていて「薩長大垣戦死十三人之墓」とあった。しかし大正4年に薩摩藩が鎮護神山（小峰城東側の丘陵）に戦没者を改葬したため、現在の形となった。明治9年6月、天皇の東北巡幸に際し天皇は同地に立ち寄っている

?	**戦死墓**　慶応四戊辰年五月朔日（阿部正脩書）	地元新町住民	**白河市松並（乗越）**	**会津藩戦没者**
?	明治戊辰戦死者之墓	?	白河市向新藏・常宣寺	東軍
?	南無阿弥陀仏	?	白河市向新藏・常宣寺	東軍
?	南無阿弥陀仏	?	白河市馬町	東軍
?	会津藩士海老名衛門君碑	?	白河市向新藏・龍興寺	海老名は350石で海老名隊隊長。敗戦を詫びて自害、52歳
?	戦死塚	?	白河市向新藏・龍興寺	会津海老名隊40名余を埋葬
?	福島藩士十四人墓	?	白河市向寺・聯芳寺	東軍
?	戦死供養塔	?	白河市本町・永蔵寺	東軍
?	戊辰役戦死之墓	?	白河市八竜神	東軍
?	戊辰役戦死之墓	?	白河市寺小路	東軍
?	無縁塚	?	白河市白井掛	東軍
?	戦死墓	?	白河市本郷土	東軍
?	戊辰戦死供養塔	?	白河市・小田川薬師堂	東軍
?	戊辰戦死之墓	?	白河市搦目	東軍
?	戦死数名埋葬塔	?	白河市搦目	東軍
?	戦死数名埋葬塔	?	白河市南田	東軍
?	戦死供養塔	?	白河市愛宕町・関川寺堀切	東軍
?	戦死供養塔	?	白河市桜岡	東軍
?	戦死霊魂供養	?	白河市双石	東軍
?	戦死供養塚	?	白河市道場町・小峰寺	東軍
?	戦死墓	?	西白河郡西郷村・大龍寺	総州飯野藩（保科家）は会津藩と姻戚関係。千葉周作の門人で「四天王の一人」とされた飯野藩士の森要蔵は、藩士23名を率いて会津救援に向かう。要蔵父子以下の保科家5名・会津藩15名を埋葬
?	戦死供養碑	?	西白河郡大沼村桜岡	会津・仙台・二本松藩45名

※早川・宮崎（1983）、福島県白河市（2006）、および現地調査による

仙台藩「戦死供養塔」
（白河市女石）

「仙台藩士戊辰戦役之碑」
（白河市女石）

このように、西軍戦没者の遺体は、直ちに埋葬され、丁寧に供養されたという。これに対して、東軍戦没者の遺体は、やはり山野・田畑等に放棄されていたようである。これを見かねた地元の人々は、自主的に、東軍戦没者の埋葬・供養を行ったという。

白河は、七家二十一代の大名の領地となったが、それに伴い**寺院**の入れ替えもあり、現在、白河には殆どの宗派の寺院があるという。そのなかで「引っ越し大名」たる、七代藩主の**松平直矩**《なおのり》（大和守）と有縁の、**長寿院**（**長寿禅院**、曹洞宗、白河市本町北裏）境内には、**西軍墓地**（**官軍墓地・官修墓地**）が造営された。

西軍墓地が造成される経緯としては、西軍の**陣営**や**病院**が置かれていたことなどが、一般的な理

「長州大垣藩戦死六名墓」
（白河市松並）

会津藩「銷魂碑」（左）と「戦死墓」（右）
（白河市松並）

旧会津藩士「田辺軍次君之碑」
（白河市松並）

西軍の「捐躬報国」碑（白河役陣亡諸碑）
（白河・長寿院）

由として考えられる。しかし長寿院の場合は、そうではなかったようだ。現住職の談によれば、当時の住職は、**地元の顔役**（十手持ち）から相談を受けて、墓地の設営が行われたという。「**ホトケに敵も味方もない**」、という発想からであったという。

造営年月日は不詳であるが、東軍戦没者の遺体をよそに、同院には**西軍墓碑**が建立されていった。

その案内板**「慶応戊辰殉国者墳墓（西軍）」**には、左記のようにある〔現地調査、数字表記はそのママ〕。

この墓群は、慶応4年（1868）の戊辰戦争白河方面における戦死者を祀ったもので、西軍各藩である長州藩（山口県）・土佐藩（高知県）・大垣藩（岐阜県）・館林藩（群馬県）・佐土原

西軍の「慶応戊辰殉国者墳墓」
（長寿院）

同上

藩（宮崎県）各藩の戦死者が眠っている。墓は全部で116基（薩摩29、長州30、土佐18、大垣13、館林7、佐土原19）あったが、大正期に薩摩藩の墓所は小峰城東側の鎮護神山に改葬された。

戊辰戦争白河口の戦いでは、東軍（奥羽越諸藩）と西軍による大規模な戦争が行われ、合わせて千名近い戦死者を出している。東軍諸藩の戦死者の墓は、市内各所に所在している。

「慰忠魂」碑

「官軍　土藩」墓碑

本町復起会

同墓地（約五〇坪という）の中央には、**「慰忠魂」碑**があり、**個人墓碑**と**合葬墓碑**が混在している。

埋葬された戦没者は、**白河方面の戦死者**、および会津方面等で負傷し、**白河で没した戦病死者**であっ

「官軍　館林藩」墓碑

「官軍　長藩」墓碑

「官軍　大垣藩」墓碑

「戊辰戦役薩摩藩戦没者諸英霊之墓」

た。最年少は、**一六歳の少年**であるという。

例えば、**土佐藩一八名**のうち、**人夫**（土州仲間とある）は**三名**であったが、**「官軍　辻精馬友猛墓」**には、「慶応四戊辰七月朔日戦死于奥州白川年廿二」とある。また、**「官軍　土藩　池田忠兵衛盈秋墓」**には、「慶応四戊辰八月廿三日若松城中丸九月十四日死于白川時年三十一」と記されている。

同墓地は**官修墓地**であったから、**毎年「各藩掃除料」**として**監守人**（同寺住職）に、福島県庁から**公費一〇円**が下賜されたという。

このように白河にて、**上州館林藩七名**（藩士六・郷夫等六の一二名とも）を含む、**「殉国者」**たる西軍戦没者は、墓碑が建立され、懇ろに寺院境内に埋葬された。そして同地ではカミではなく、**ホトケ**として祀られている。彼らの遺体が、遠い**故郷**に届けられることはなかったのであろう。ただし、そこには東軍戦没者の姿はなかった。天皇・天皇の軍隊に歯向かって「賊軍」とされた人々は、明治新政府による「殉国者」という位置づけから、完全に除外されたのである。

なお、**濃州大垣藩**（譜代一〇万石、城址は岐阜県大垣市）は、長らく幕末期に行動を共にした、会津藩にとって信頼できる**友軍**であった。「鳥羽伏見の戦い」においても、大垣兵は東軍の一員として、薩長と対戦している。しかしその後、西軍に転じることになる。

3　二本松城攻防戦と殉難戦没者

白河での西軍の勝利が確定しようとしていた、慶応四年七月二六日、同盟の一員であった**奥州三春藩**（外様五万石、城址は福島県田村郡三春町）は、西軍に寝返った。同藩の**河野《こうの》広中《ひろなか》**（後の衆議院議長）は、藩論を討幕へと導き、西軍参謀の板垣退助に直接面会して、西軍への帰順を報告したという（異説あり）。

これにより三春城下は兵火を免れたが、不安視されていた同盟軍の足並みが乱れ始めたのである。「会津いのしし、仙台むじな、三春狐にだまされた」、と人々に揶揄された。後に**「西の板垣、東の河野」**と称されるように、両者は**自由民権運動**の立役者となるが、河野は、板垣から大きな影響を受けたといわれている。

西軍は三春藩を取り込むと、白河から約一〇里北方の、奥州街道の要衝たる、**二本松城（霞ヶ城）**の攻撃に向かった。部隊を二分して、二本松を挟撃する作戦であった。会津への本格的な侵攻に向けて、足がかりを掴むためである。二本松は、会津と仙台の連絡を扼する要地である。既述の河野も、**土佐断金隊**に参加し、七月二七日から、西軍の**二本松総攻撃**が始まった。

二本松藩は、後方から三春藩の援軍が来たと喜んだところ、突然、背後から銃火を浴びた。「バカだバカだよ二本松はバカだ、三春狐にだまされた」、と人々は同情を込めて語った。頼りにしていた、仙台藩の支援も得られないまま、二本松藩は「孤立無援の戦い」を余儀なくされる。なお、二本松将兵は赤装を好んだという。

当時、二本松藩の主力部隊は出払っており、同藩の兵力は**三〇〇名弱**であったという。同二九日、**西軍三〇〇〇余名**が城内に殺到すると、同藩士によって**城内に火**が放たれ、家老**丹羽《にわ》一学**（四六歳）・郡代**丹羽新十郎**（四三歳）・城代**服部久左衛門**（五六歳）らの重臣は、**自刃**して果てた。

一方で、自刃こそ降伏なりとして、**大城代**の**内藤四郎兵衛**（五二歳）は、「霞ヶ城の首領」として、敵陣に斬り込んでいったという。**息子**は**白河で戦死**していた。主君の死後に、その後を追って切腹する**「追い腹」**は、当時すでに禁止されていたが、内藤の家臣には、この「追い腹」をする者が何人かいたという。

また**老年隊（老人隊）**も、

霞ヶ城址

「大城代　内藤四郎兵衛　戦死之地」碑
（霞ヶ城址）

生き先ながき少年をして兵刃にたおれしめ、我等ひとり世に生くるに忍びんや。隠居無用の身、一死を以て国に殉ぜん。

と〔青木 1991〕、**刀槍**を振るい奮戦力闘した。彼らにとって「国」とは、**「藩」**であった。

さらに、このように少年も出陣していた。つまり会津に先立ち、砲術師範の**木村銃太郎**（二二歳）を隊長とする、**少年隊六二名**（一二～一七歳、当初は二五名とされていた）も、二本松南方の**大壇口**（二本松市向原）で奮戦し、**「二本松少年隊の悲劇」**が生まれている。

木村隊長は、緋色の袴に白の陣羽織を着けていた。ただし、この少年隊の全貌が明らかになるのは、**戊辰五〇年**後の**大正期**に至ってからである。

ところで同藩には、**「入れ年」**という制度があったという。**成人**として一般に認められるのは、**二〇歳**であるが、**一八歳**になった時点で、成人した旨を藩に届け出れば、**兵籍**を得ることができるという慣習であった。つまり、**二歳**の鯖を読むことを黙認する制度である。したがって、一八歳になって「入れ年」をすれば、出陣できたが、それをしなければ、二〇歳まで兵役の義務は生じなかったのである。

慶応四年七月初旬、同藩は**兵力不足**を補うため、**一七歳**までの出陣を許可した。ということは、「入れ年」をすれば、**一五歳**まで出陣できることになった。さらに同下旬には、一五歳までの出陣許可が出されたという。つまり、**一三歳**までの出陣が可能になったのである。また、**鼓手**として出陣す

二本松少年隊像と母の像（右）
（霞ヶ城址）

る場合や、父や兄に付いていく場合は、その年齢に達していなくても許されたという。したがって、**一二歳の出兵**もあり得たのである。

少年たちは**毎朝の食膳**で、母親から**「切腹の作法」**を箸で教えられることを礼儀とし、「武士は君の前で戦死するもの」と、日常的に戦うことのみを厳しく教育されていた。したがって、今の子供が遠足に出かけるようなはしゃぎで、出陣していったという。

既述の**大壇口**は、奥州道沿いの小高い丘陵であった。ここで、最初に**高橋辰治**（一三歳）が被弾して、顔に負傷した（後に戦死）。また、**奥田午之助**（一五歳）が銃弾に斃れた。次いで、**木村隊長**の左腕（腰とも）を銃弾が貫通した。これと共に少年隊を援護して、藩士の**青山助之丞**・**山岡栄治**らも奮戦し、前身に銃弾を浴びて「壮烈な戦死」を遂げたという。後に両名は**「二勇士」**とされた。

当時一四歳で、少年隊士として大壇口に出陣した**水野進**（**好之**）は、後に**『二本松戊辰少年隊記』**（大正六年七月、以下『少年隊記』とする）を著しているが、これには木村隊長等について、左記のようにある〔星 1998〕。

「この重傷にて到底城には入り難し。疾く我首を取れ」〔中略〕「切れ切れ」という。副隊長二階堂衛守声に応じて、太刀を引抜き、〔中略〕三太刀目にしてようよう打落とし、これを持

大壇口の慰霊碑

「二本松少年隊　隊長木村銃太郎 22 才　戦死之地」碑
（大壇口）

ち行かんとせしに重くて意のごとくならず。
よりて髪を左右に分ち、二人にて持ち、（中略）少しく戻りて路を転じ大隣寺前より至りしに、（中略）味方と思いしは敵にして、まんまと術中に陥らんとせしなりけり。

そして、

筒先揃えて打ち出す弾丸に、副隊長を始め岡山徳治（篤次郎）、その他数人あるいは即死し、あるいは負傷して、なかには生擒せられたるさえあり。余ら少年隊は潰乱して、おのがじし（各自）郭内に駆け入りたり。
この時城は、すでに凄まじき音響を立てて焼けつつあり。

鮮血したたる**木村の首級**を持っていた、**二階堂衛守**《えもり》（父は家老、三三歳）と**岡山篤次郎**（一三歳）も、同時に撃たれた。負傷した岡山は、**西軍の野戦病院**（称名寺）に運び込まれたが、**絶命**している。岡山の衣服には、**「二本松藩士岡山篤次郎十三才」**と、**墨書**されていたという。出陣に際し、戦死した時に身元が判明するよう、**母**に願って書いてもらったものであった。

なお、木村の首級は、少年隊士により**自宅**に届けられたという。そして、自宅の**石垣**を一つ外して穴を掘り、そこに首を入れて、元のように石垣をはめ込んだ。その後、父親が夜陰に乗じて、首を風呂敷に包み、**正慶寺**（浄土真宗、二本松市竹田）に埋葬したという。

少年隊士の**成田才次郎**（一四歳）は、敵に遭ったら斬ろうとしないで、「ただ突き刺せ」、と父に教えられていた。負傷して、大壇口から退いていた才次郎は、**長州軍**に遭遇し、その隊長に斬り込んでいった。隊長は死亡したが、才次郎も間もなく**絶命**したという。また、唯一の最年少隊士であった、**久保豊三郎**（一二歳）も負傷し、**戦病死**している。

戦没少年隊士は、**計一五名**であった。内訳は一二歳が一名・一三歳が四名・一四歳が二名・一五歳が一名・一六歳が三名・一七歳が四名である。同藩は、老兵と少年兵の戦力に頼らざるを得なかったのである。

西軍も、さすがにこの少年隊の奮闘を憐れんだといい、この戦いは、薩摩の**野津道貫**《みちつら》（後の陸軍大将）をして、「恐らく戊辰戦中第一の激戦であったろう」、と言わしめている。藩主**丹羽長国**は「城を枕に斃れんのみ」と、決意を表明したが、老臣らの涙の説得により**米沢城下**に逃れた。

また、西軍は**二本松兵**を捕らえると、**八つ裂き**にして、**「生き肝」**を取り出して食らい付く、という蛮行も行ったという。とくに勇者の肝を食らうと、その霊が乗り移るという迷信があった。いわゆる**カニバリズム**である。

この日の戦で、東軍戦没者は、**二本松藩士卒一四一名**や農兵・**会津藩兵三四名・仙台藩兵一六名**、他方の**西軍戦死者は二二名**であった。城下は、「家ことごとく焼亡し、死人があちこちに埋められ臭気鼻をうがつ」、と記録された〔星 1998〕。

これと共に、**西軍の略奪**も横行した。焼け残った家々は、根こそぎ略奪され、商家の土蔵は全てこじ開けられて、在郷の豪農も、同様の憂き目に遭った。各藩は競って**「薩州分捕り」「土州分捕り」**などの看板を掲げ、金目のものは悉く奪い去ったという。徹底的な破壊行為であった。現今の**「露軍のウクライナ軍事侵攻」**を彷彿させよう。

二本松藩の「戊辰役死傷者一覧」（『二本松藩史』所収、星 1998）によれば、戊辰戦役での戦没者は**三八八名**で、うち**藩士一六二名**、**農兵・従卒が一七六名**であった。農兵等が藩士を上まわってお

「二本松少年隊　副隊長二階堂衛守三十三才　隊士岡山篤次郎十三才　戦死之地」碑
（大隣寺入口）

成田才次郎戦死の地
（霞ヶ城址）

り、**農婦人**の戦没者も確認できる。かなりの数の婦女子が、弾薬や兵糧の運搬に携わっていたのではないかという。他藩の記録には、農兵等の戦没者数は確認できないという。

翌八月四日には、同盟軍の**奥州中村藩**〔**相馬藩**、外様六万石、城址は福島県相馬市〕が西軍に内通し、六日には正式に**降伏**を申し入れている。以後、一〇月まで中村城が西軍本部となる。

既述の岡山篤次郎に関して、**土佐藩**の将は岡山の健気さに感動し、**「反感状」**を送り、遺族に伝えているという〔青木 1991〕。

今年十三歳岡山篤次郎　敵ながらあわれなるかな美少年　薩州土州手あつく養生労はりしとも　遂に死命す　よってさかしきながら一首よみおく次第　岡山尊公名は末代に残れかし

君がため二心なきもののふは
命はすてよ名は残るらん

また、**木村隊長の胴体**については、後日談があるという。落城後、一ヵ月ほどしてから、少年たちが**大壇口**に行ってみると、隊長の胴体を埋めた場所は、雨で土が流され、**緋色の袴**が見えていたという。戦いの最中、遺体を充分に埋葬することができなかったのである。

二本松少年隊士の墓碑は、**二本松藩主家の菩提寺**である〔霊廟がある〕、**大隣寺**〔曹洞宗、二本松市成田町〕に建立された。現在、同寺の案内板**「二本松少年隊の墓」**には、左記のようにある〔現地調査〕。

（前略）時代の流れとはいえ、維新の夜明けを前に義に殉じた純粋にして可憐な少年達。会津白虎隊に優るとも劣らない壮烈な戦死を偲び、その忠魂を讃え、心から冥福を祈る参詣者が

大隣寺入口

「戦死群霊」碑
（大隣寺）

少年隊士の墓碑（右側）
（大隣寺）

少年隊士の墓碑（左側）
（同上）

「会津藩　仙台藩　戊辰戦役供養塔」
（大隣寺）

二本松少年隊顕彰碑
（霞ヶ城公園）

今も絶えない。隊長・副隊長と一四名の少年隊士の魂がここに眠る。（句読点筆者）

また同寺には、**「会津藩　仙台藩　戊辰戦役供養塔」**も建立されている。彼らは寺院にて、**ホトケ**として祀られているのである。

4 「母成峠の戦い」と殉難戦没者

越後（新潟県）戦線では、とくに**「北越での戦い」（北越戊辰戦役）**が中心であった。慶応四年五月初旬から**長岡城攻防戦**が始まった。同盟軍の**長岡藩**（譜代七四〇〇〇石、城址は新潟県長岡市）は、西軍を相手に奮戦するが、同七月二九日の**二本松落城**と共に、**長岡城**も西軍により**陥落**した。長岡藩士らは険しい峠を越えて、**会津方面**に避難することになる。長岡でも**少年隊**が出陣したとされ、二本松と長岡の落城は、東軍にとって致命的な痛手となった。以来、長岡藩は、越後における**「賊軍」**の代名詞となる。

同八月二〇日、二本松を手中にした西軍は、**三〇〇〇余名**（異説あり）の兵力を以て、**会津侵攻**を開始した。それは、「根本を抜けば、枝葉はおのずと枯れる」、つまり、会津藩を陥落させれば、仙台・米沢などの他藩も屈服する、という作戦であった。

既述の、**板垣・伊地知**の両参謀が率いる西軍は、**石筵**《いしむしろ》（福島県郡山市）から、**安達太良山**《あだたらやま》の**母成**《ぼなり》

峠（九七三メートル、耶麻郡猪苗代町）を経て、**会津盆地**に侵攻したのである。戦国時代に**伊達政宗**が、「会津の守護」蘆名氏を討つべく、兵を動かした母成峠を越えての進軍であった。そのため、この峠の東の道を伊達路といい、同峠は二本松・会津両藩の国境であった。この「**母成峠の戦い**」は、東軍の意表を突いた作戦となった。暖地出身者の多い西軍にとって、**雪の季節**が来る前に、会津を落としておく必要があった。

こうした、西軍本隊の会津侵攻に伴い、周辺の**農民**は大量に西軍に**召集**され、夫卒・人夫・人足などとなり、また**馬**も駆り出された。東軍の焼き討ちにあった、地元村人の誘導もあって、西軍は濃霧のなか、八月二一日の早朝から、母成峠の東軍に攻撃を開始した。

「戊辰戦役　母成峠古戦場」碑

二本松落城後、既述の少年隊士**水野進**は、転戦しながら西方の会津盆地方面に向かうが、『少年隊記』には、次のようにある〔星 1998〕。

（前略）死傷百余人遂に大敗して母成峠を指して退却す。首級の髻を提げて走るものあり。あるいは負傷者を肩に掛け、あるいは足に負傷して刀を杖とするものなどその混乱名状すべからず。三里余りの山路を疾走することとて壮者といえども吐血するものあり。

母成峠が破られれば、西軍は直ちに**若松城下**に殺到する怖れがあったから、東軍は台場を築き、**大鳥圭介**（旧幕臣、後の枢密顧問官）率いる**旧幕府伝習隊四〇〇名**を中心に、会津・二本松・仙台など、**八〇〇名余**が応戦した。しかし夕方には、大鳥ら東軍は、**数十人の死傷者**を残して撤退している。『少年隊記』は、再び記している〔星 1998〕。

不意を喰らいし味方の軍勢、周章狼狽、措く所を知らず支えもなく敗走せり。勝ちに乗ぜし敵軍は萩岡口より潮の如く押し寄せ来れしに、防御の前線総崩れとなり、先を争うて退却せり

このように、東軍は一日にして完敗した。**土方歳三**らの**新選組**も戦っていたというが、どうにも西軍を防ぎきれなかったのである。**西軍戦没者は二五名**、**東軍戦没者は八八名**であったが、**西軍の命**により、東軍戦没者の遺体は**放置**されていた。東軍の遺体は、後に**村民**によって埋葬され、**「東軍殉難者埋葬地」**が造成された。

これによって西軍は、**会津鶴ヶ城**（**若松城**）の支城であった、**亀ヶ城**（猪苗代城、耶麻郡猪苗代町、

「鶴」と「亀」になっている）を容易に攻略した。そして、その北方の、既述の**土津神社**（猪苗代町）も焼失して、若松城下に雪崩れ込むことになる。猪苗代から会津若松までは、五里（約二〇キロ）の道のりであった。

新選組はこの戦いに参加した後に分裂し、土方率いる一隊は、旧幕府艦隊の**榎本武揚**（父も幕臣、後の農商務大臣）の部隊と合流するため、仙台に向かった。他方、**山口次郎**率いる一隊は、最後まで会津藩とともに戦うため、高久村の南四キロにある、**如来堂**（会津若松市神指町）に結集している。新選組は同地に本陣を置くが、後に**「如来堂の戦い」**（九月四日）がおこる。

この会津侵攻に関して、なぜ長州藩士ではなく、土佐藩士の板垣が参謀に起用されたのかについては、長州は会津に対して余りにも**「私怨」**が強すぎるという、薩摩の西郷の配慮があったためともいわれている。板垣には、長州藩の代理人という役割が、負わされていたという。ただし、「戊辰上野の戦い」以来、この戦役においても、薩摩の西郷の存在感は、非常に希薄であったように思われるのは、筆者だけであろうか。

現在、母成峠にある案内板**「東軍殉難者埋葬地」**には、左記のようにある〔現地調査〕。

慶応四年八月二十一日、母成峠の戦いの東軍戦死者の遺体は当時西軍のきびしい命令により埋葬を許されず戦後暫くの間、放置されたままになっていたが、これを見かねた近くの人々が西軍の眼をぬすんで遺体を集め仮埋葬した。その後この地は雑草に覆われてその所在がわから

東軍殉難者埋葬地
（母成峠）

なくなっていたのを、百十余年後の昭和五十三年六月二日猪苗代地方史研究会の手によって発見された。その後子孫を中心として**母成弔霊義会**を結成し毎年慰霊祭を執り行ってきたが、昭和五十七年十月六日東軍殉難者慰霊碑建設と同時に長く保存することにしたのである。

同地においても、**東軍戦没者の遺体**は、西軍から埋葬が許されず、**放置**されていたことが確認できる。そして、農民の手で密かに仮埋葬されてから、今まで**一五〇余年**の歳月が流れ、その埋葬地は**「古墳」**のようになっている。すでに**縁者**が訪れることもなく、東軍殉難者は林の中で**「無縁仏」**となり、かつ同埋葬地は**「無縁塚」「無縁墓地」**になっている。ここにも「靖国祭祀」から排除され、忘れられた**一〇〇名弱の殉難者**が、人知れず眠っていた。

5　会津鶴ヶ城攻防戦と殉難戦没者

A　西軍の城下侵攻

会津軍の主力部隊は、**越後**や**日光**・**白河方面**に出払っていたため、城下では慶応四年八月二二日の正午、**白虎士中二番隊**の**三七名**が、急遽召集された。西軍の会津城下への侵攻を阻止するためであった。藩の規則によれば、**一八歳未満の少年**は戦線に送らないことになっていたが、非常事態がそれを許さなかった。本来ならば非戦闘員であった少年たちが、戦場に送られたのである。

少年隊士は、藩主容保が**滝沢本陣**（横山家住宅、会津若松市一箕町八幡）に出陣するにあたり、その護衛の任務を担当した後、城下東北の**猪苗代方面**へ転戦した。やがて**戸ノ口原**（**大野ケ原**）で、夜を徹して**奮戦**することになる。しかし、隊長の**日向内記**《ひなたないき》は、途中から行方不明となった。そして、会津藩最後の防衛線とされた、**日橋川**に架かる**十六橋**も西軍に突破されて、隊士は激しい雨のなかを敗走することになった。当時、会津地方は台風による、**暴風雨**に見舞われていたという。

台風一過後の、八月二三日（新暦一〇月八日）の朝、**少年隊士二〇名**は、紅蓮の炎に包まれた**鶴ヶ城**（**若松城**）を望みながら、絶望し、もはやこれまでと判断した。そして、**飯盛山**（三一四メートル、一箕町八幡）において、嚮導の**篠田儀三郎**（一七歳）以下、二〇名全員が、**壮烈な自刃**を遂げる。同山は、鶴ヶ城の天守閣から直線距離で、東北に約二・八キロにあった。ただし、実はまだ城は落ちていなかったのである。

自ら命を絶とうとした隊士のなかで、年齢をごまかして入隊していた**飯沼貞吉**（一五歳）だけが、唯一、**足軽の妻**に助けられた。彼は奇跡的に**蘇生**することになる。そして、生き残った飯沼によって、後に自刃白虎隊士（実際には**一六名**とされている）の全貌が、明らかになった。ただし現在、自刃隊士の数については諸説ある。

「大野ヶ原　白虎隊奮戦の地」

「戊辰戦争戦死者の墓群」
（大野ヶ原）

同隊の**酒井峰治**（一六歳）ら、生き残った一七名は、鶴ヶ城に辿り着くことができたという。酒井も途中で、一度は**自殺**を決意したが、知人に諭され、農民に扮装して入城を果たしている。

また、行方不明であった隊長の**日向**も帰城し、再び**白虎士中二番隊**（合同隊とも）の隊長となり、**濃州郡上《ぐじょう》藩**（譜代四万八〇〇〇石、城址は岐阜県郡上市八幡町）からの応援部隊であった、**凌霜《りょうそう》隊**

鶴ヶ城址

飯盛山

「白虎隊士自刃之地」
（飯盛山）

四〇余名も、指揮することになった。

この他に、奥羽越諸藩以外からの応援部隊としては、天狗党と対立して水戸を脱藩した、**諸生党約五〇〇名**や、**桑名藩**の諸隊**約三六〇名**などが、記録されている。なかでも特筆すべきは、**総州請西《じょうざい》藩**（譜代一万石、城址は千葉県木更津市）で、藩主の**林忠崇**（二〇歳）は、みずから脱藩し、藩士五九名を引き連れて東軍遊撃隊と合流し、会津・米沢を転戦している。戦役後、同藩は全国で唯一、「取り潰しとなった藩」であった。

白虎隊士が飯盛山で自刃した、八月二三日（陽暦一〇月八日）の早朝、西軍は一気に**若松城下**に雪崩れ込んだ。街中の**半鐘**が激しく連打され、不意を突かれた城下は**大混乱**に陥り、幾多の**惨劇**が繰り広げられることになった。とくに城門を挟んだ戦闘は熾烈を極めた。会津側は、**白虎士中一番隊三七名**の他に、**老人組・幼少組**（一五歳）の兵力まで総動員して、城下の北大手門にあたる、**甲**

賀町口郭門を死守しようとした。

白虎隊士は、飯盛山での自刃者を含めて、すでに何名戦死していたか明らかではないが、この郭門から城に引く際に、士中一番隊の**西村四郎**（一七歳）や、**佐久間直記**（一六歳）など、**約一〇名**の白虎隊士が戦死したという。また、一四歳でありながら足軽隊に所属した、**古川深松**は、西軍を迎撃して負傷し、六日町郭門に近い**自在院**（真言宗）で**自刃**している。

甲賀町口での会津藩戦没者は、**四〇名**に達し、そのうち六〇歳以上の老人は、**一八名**を数えた。

「郡上藩　凌霜隊之碑」
（飯盛山）

「水戸藩諸生党　鎮魂碑」
（「鶴ヶ城防戦に来援勇戦した水戸藩兵などの供養」とある。飯盛山）

甲賀町口郭門址

藩老の**田中土佐**（四九歳、一八〇〇石）と、同**神保内蔵助**《くらのすけ》（五三歳、一二〇〇石）は、藩医**土屋一庵**と共に、土屋宅で**自刃**した。この二三日だけで、市街戦での**東軍戦没者は四六〇余名**、**藩士家族の殉難者は二三〇余名**に及んだ。**計約七〇〇名**が戦没したが、そのなかには、多数の**婦女子**が含まれていた。

例えば、西郷藩老の妻**千重子**（千恵子、三四歳）は、飯沼貞吉の**叔母**であったが、千重子以下の**一族二一名**は、籠城して足手まといになるよりはと、潔く**自刃**して果てた。現在、**善龍寺**（曹洞宗、北青木）には、**西郷家「二十一人之墓」**が建立されている。

また、会津藩御物頭（隊長）の柴佐多蔵の子息たる、当時八歳の**柴五郎**（後の陸軍大将、兄の四郎は東海散士）の、祖母・母・兄嫁・姉・妹の**五名も自刃**し、家に**火**が放たれた。なお、貞吉の父**時衛**も戦没している。

一方、町人や農民の多くは、城下西方の**大川（阿賀川）**を渡り、対岸に逃れようとした。しかし、前夜来の雨で水かさが増して、人々が乗った小舟は次々と転覆して、**数百名**が水に呑まれたという。

西郷家「二十一人之墓」
（善龍寺）

八月二五日には、籠城の機会を逃した**中野竹子**（二二歳）・**裕子**（一六歳）の姉妹、その母**孝子**（四三歳）、**神保雪子**（二六歳、夫は神保修理）らが、旧幕府軍衝鋒隊（隊長は古屋佐久左衛門）の指揮下に入り、**柳橋**（**涙橋**）付近にて、**薙刀**を以て西軍に切り込んでいる。彼女たちは後に**「女白虎隊」**として、**娘子軍**《じょうしぐん》と呼ばれた。城下では、**約一〇〇〇戸**の家が焼かれたといわれている。

最初に会津城下に突入した西軍の**土佐藩兵**は、次のような目撃証言を残している〔星 2003〕。

諏訪神社前に女子老若八人自刃す。大町口一丁ばかりのところに立派な装いの婦人輿中に屍れたり（小松謙吉筆記）

善右衛門なるもの官軍、城に迫りしとき、母及び妻の首を切り、携えて城に入れり。中野某の妻その夫、城に入り老若身をまとい、如何ともすべきなし。ついに手ずから六人を殺し、稚児を抱き池水に投じて死す（北代六

「赤誠　中野竹子女史石像」
（会津若松市神指町）

右衛門筆記）

鶴ヶ城西出丸のそばにあった、**日新館野戦病院**でも、大混乱に陥っていた。入院患者で避難できた者はごく僅かで、大半は**自殺**するか、**焼け死ぬ**しかなかった。手足が多少なりとも動く患者は、這い出して濠に身を投げ、身動きできぬ者は、短剣で首を突き焼け死んだという。

西軍の城下侵入を聞いて、各方面に出兵していた東軍は次々に**帰城**した。年齢が足らず白虎隊に入隊できなかった、**高木盛之輔**ら一五歳以下の少年たちも、多数籠城した。そのなかには、**一三〜一四歳の少年**も、多く含まれていたという。

この時、**西郷寧太郎**（一八歳）は、少年隊を組織して、敵に向かうことを発議し、戦役中に藩老となった、**山川大蔵**（浩、一〇〇〇石）に陳述した。山川は西郷頼母の甥で、飯沼貞吉と従兄弟であった。

山川は、この寧太郎の申し出を嘉したという。そして、寧太郎を組頭とし組織された、一四歳以上からなる少年隊を、**中軍護衛隊**と命名した。護衛隊とはいっても、後方支援ではなく、野戦第一線に配置された**三四名**の部隊であった。

城中には、**六〇〇余名の婦女子**の他に、多くの**老人**や**子供**たちが立て籠もり、西軍も鶴ヶ城を包囲することによって、持久戦に入った。鶴ヶ城は**一六の郭門**（町を取り囲む城郭の門）によって、**郭内**（武家屋敷）と**郭外**（町人屋敷）とに分かれ、本丸への入り口は構造上厳重に固められて、石垣は高く濠は深かった。こうしたことから同城は、**「西の熊本城、東の鶴ヶ城」**といわれ、熊本城と共に「難攻不落の名城」とされていた。ただし唯一の弱点は、**小田山**（三七二メートル、鶴ヶ城の東南約一・五キロ）が近いことであった。

城の攻略に難儀していた西軍が、この小田山からの**砲撃**を開始したことで、戦局は急転することになる。同地には、最新鋭の**アームストロング砲**（英国製）など、計一五門を据えて砲撃した。とくにアームストロング砲は、五月の「戊辰上野の戦い」でも、東軍にその威力を見せつけた。これに対する城中の大砲は、僅か一門のみであった。

この砲撃の策を西軍に教えたとされる、小田山麓の**極楽寺**（浄土真宗、宝町）の住職一家は、身の危険を感じて越後に逃亡する。しかし後に、会津藩士の**武田宗三郎**による執拗な追跡により、発見され、住職は目玉を抉り取られ、一家は**滅多斬り**にされたという。

熊本城址

中軍護衛隊の**片峰小次郎**（一四歳）は、勢いに乗じて胸壁に立ち、**「薩賊長奸」**と再三絶叫していたところ、敵前線より狙撃の銃弾が左胸を貫通して、斃れた。同じく**南摩節**（一五歳）は、砲弾の破片が右手と胸に突き刺さり、息絶えている。白虎隊士以外にも、多くの少年兵が奮戦し、戦死していったのである。戦没少年兵の数は、**約六〇名**といわれている。

B 「長命寺の戦い」と籠城戦

八月二九日の早朝、会津藩老の**佐川官兵衛**（通称は鬼官兵衛、一〇〇〇石）を総督とする、**東軍約一〇〇〇名**の将兵は、刀槍で武装し城外への反撃を開始した。城下の**長命寺**（浄土真宗、日新町）が戦場となり、この**「長命寺の戦い」**では、西軍の砲火を浴びて東軍戦死者は**百数十名**におよび、攻防戦における最大の激戦となった。

西軍の記録には、

今日の賊は味方の死傷もかえりみず、砲撃の間を疾風のように駆けてきた。この日、討ち取った賊の懐中を調べると、国のため戦死と書いた遺書や絶命の弁などを持っていた。想うに今日必死と期して来たものであろう。賊兵の鋭さは今日がもっとも激しかった。

長命寺に残る「弾痕」

とある〔星 2003〕。東軍は「決死の覚悟」の出陣であったのである。

佐川家は、保科家以来の旧臣であった。官兵衛の父である、**佐川幸右衛門**（三〇〇石）は、老齢であるから出陣を止めるようにという、官兵衛の言葉を振り切った。「君恩に殉ずる」のはこの時と、長命寺では、長槍を振るって敵中に躍り込み、奮戦し敵弾に倒れた。その下着には、筆太に「慶応四年八月二十九日討死　佐川幸右衛門直道、生年六十三歳」と記されていたという。戦闘は東軍の敗北に終わり、父を失った官兵衛は帰城せずに、そのまま各地を転戦して、最後まで抗戦することになる。

九月に入ると、西軍は**数万**（諸説あり）の大軍に膨れ上がり、**五〇門**にのぼる大砲が火を吹いて、城中は修羅場と化した。**東軍戦没者の死体**は山を築いて、城中には埋葬する場所がなくなり、城中二ヵ所の大きな**古井戸**にまで、遺体を投げ込むほどであったという。しかし、これも満杯になってしまった。山川大蔵の**妻とせ**は、城内で**破裂弾**を受け、体から泉のように血が吹き出して、落命した。その遺体は、鎧櫃に入れられて、空井戸のなかに葬られたという。

また、**西軍の暴挙**には目を覆うものがあり、**略奪**や**婦女子への暴行・拉致・監禁**が横行した。抵抗した婦女子を**全裸**にして**殺害**し、**樹木に吊り下げた**悲惨な例もあった。

一方、**土佐藩**の資料によれば、九月二日の記録として、

戦死者埋葬ノ規則ヲ定メ専ラ之ヲ監察局ニ主任セシム、遺髪ヲ本国ニ送達シ及ヒ石碑建築等皆之ヲ司ル

とある〔林 2000〕。

土佐藩としては、戦死者の遺体を土佐本国まで搬送することは不可能であったので、**遺体**は**戦場に埋葬**して**石碑**を建て、その**遺髪**を**遺族**のもとへ届けたことが分かる。この事例から、他の西軍諸

藩においても、同様の処置がなされたであろうと、推察できるのである。

九月四日には、**仙台藩**とともに、同盟を強力に牽引してきた**米沢藩**が降伏し、同盟の支柱が崩れ始めた。翌五日には、城西の**「秀長寺付近の戦い」**（材木町）があり、これは「東軍唯一の勝ち戦」とされているが、もはや形勢を逆転させることは到底不可能であった。この折、会津民謡として名高い、「会津磐梯山」に謳われている**小原庄助**は、**会津藩戦死者**の一人として、同寺の戦死者**「供養塔」**にその氏名を刻んでいる。

また同五日、秀長寺北西の**高久村**（神指町）でも戦闘があった。既述の**「如来堂の戦い」**であり、同地に駐屯していた**新選組**は、西軍彦根藩兵から急襲を受ける。東軍の『中島登覚え書』には、

> 如来堂ノ本営へ敵兵不意ニ押寄セ、直様接戦相始リ候処何分味方二十余人ノ小勢故外防御ノ術ナク尽ク討死ス

とある〔菊地・伊東 1998b、現地調査〕。

新選組二〇余名のうち、**一三名**が戦死したという。しかし、戦死したとされていた山口次郎ら数名は、虎口を脱して生存していたのであった。山口は後に、会津藩士の娘と結婚し、**藤田五郎**と改名して、会津人として生きている。現在、同地には**「史蹟　新選組殉難地」碑**が建立されている。

また、**越後長岡藩**の総督（家老）たる**河井継《つぎ》之《の》助《すけ》**は、「北越の傑物」として知られていたが、越

後戦線で負傷した。そして八月初めには、**越後平野**は、完全に西軍の支配下に組み入れられたのである。

そこで河井は、**会津**での再起を賭けて、戸板に乗せられ、**千数百名**の兵士らと共に、越後から難所の**八十里越**を越えて、会津領に入った。途中、河井は「八十里こし抜け武士の越す峠」と嘆いて

秀長寺の「供養塔」

「史蹟　新選組殉難地」碑
（如来堂）

「長岡藩総督　河井継之助埋骨地参道碑」
（建福寺前）

「河井継之助君終焉之地」碑
（只見塩沢）

いる。しかし、会津城下に到着することはできず、八月一六日、無念のうちに、**只見塩沢**（南会津郡只見町）の医師宅で、**戦病死**（四一歳）した。

その**遺体**は、只見川のほとりで急いで**茶毘**に付され、遺骨の一部は、地元の**医王寺**（真言宗）に埋葬された。そして残りの遺骨は、河井の従僕に背負われて、会津城下の小田山山麓の**建福寺**（臨済宗、建福寺前）に運ばれたという。

同寺は、二代会津藩主の位牌所であり、避難してきた長岡藩主の**牧野忠訓**《ただくに》（二五歳）や、先代の養父**忠恭**《ただゆき》（元京都所司代・老中）ら一行の、宿泊地になっていた。藩主忠訓は、河井の遺骨を同寺の墓域内に、手厚く葬ったという。

その後、藩主忠訓は、西軍の会津城下

侵入を機に、会津から**米沢**に逃れていった。一方、会津城下に辿り着いた、長岡藩副総督（家老）の**山本帯刀**《たてわき》らは、会津藩を見殺しにできないと、会津に留まり抗戦した。

C　西軍総攻撃

明治と改元された**九月八日**（新暦一〇月二三日）、会津藩の青龍隊と共に、山本帯刀らの長岡藩士は、城下の**飯寺**《にいでら》（門田町飯寺）にて、西軍と対戦している。**「飯寺村の戦い」**である。

飯寺の長岡藩兵の後方には、東軍の水戸兵が位置していたが、会津軍が早々に敗れて退却したため、濃霧のなかで、**山本ら四四名**は、西軍を友軍水戸兵と勘違いして、西軍宇都宮藩兵に包囲されてしまう。その結果、忽ち**十数名**が**銃殺**され、山本ら残りの長岡兵も捕縛される。

捕縛された山本は、終始一貫して**薩長を非難**し、降伏することを拒んだため、**斬首**された。その夜、荒縄で縛られた山本らを尋問したのは、西軍越後口総督府軍監の**三宮耕庵**（江州膳所藩士、後の宮内省式部長）らであった。三宮は後に、東軍戦没者の埋葬に深く関わりをもつことになる。飯寺には、**「長岡藩士殉節之碑」**が建立されている。

西軍が**鶴ヶ城総攻撃**を開始したのは、九月一四日であった。西軍の砲門は**一〇〇**を数え、東・西・北と小田山から鶴ヶ城を砲撃した。城内には、一昼夜で**二七〇〇発**の弾丸が打ち込まれ、天守閣は蜂の巣のように、穴だらけとなったという。それでも城内の士気は衰えず、東軍の死力を尽くした抵抗は続いた。

城下の**大法寺**（法華寺）の住職は、砲弾が飛び交う天守閣上に座して、ウチワ太鼓を叩いて、「**怨敵退散**」の祈願を行ったという。しかし翌一五日には、会津藩と共に同盟の中心であった、**仙台藩**も**降伏**して、会津藩の孤立は決定的となった。鶴ヶ城の落城は、もはや時間の問題となってしまった。

九月一五～一七日には、鶴ヶ城南方の**一ノ堰**《せき》（門田町一ノ堰）でも、白虎隊士らの東軍は奮戦する（**一ノ堰の戦い**）。しかし、会津の越後方面総督であった、会津藩老の**一瀬要人**《かなめ》（三八歳、一三〇〇石）が率いる有力な兵団においても、一瀬を始め**四〇余名**が戦死している。そして翌一八日には、**棚倉藩**も**降伏**して、同盟は完全に瓦解するのである。

「長岡藩士殉節之碑」
（飯寺）

D　会津落城

西軍は会津藩に降伏を勧告し、九月一九日、**会津藩**は遂に**米沢藩**を介して、**土佐陣営**

に**「降伏歎願書」**を提出した。板垣に嘆願書を届けた会津の使者は、軍事奉行添役の**秋月悌次郎**（後の東京高師教授）と、若年寄の**手代木**《てしろぎ》**直右衛門**（実弟は佐々木只三郎、後の岡山区長）らであった。戦闘は依然として続いていたが、籠城はもはや限界に達していたのである。

この間、城内の会津藩士のなかには、**脱走**する者が続出したという。降伏を拒んで、再起をかける者もいたのである。一方で、降伏を承伏できず、**自害**する者もいた。城内の**藩士三名**は、開城の報に悲憤慷慨して、**自刃**したという。友軍**長岡藩**も九月二五日、西軍に**降伏**を請願し、戊辰当初から会津と運命を共にした**庄内藩**も、同二六日に**降伏**している。

会津藩降伏の儀式は、**九月二二日**（陽暦一一月六日）に執行された。**甲賀町の降伏式場**は、東軍により、西郷頼母邸と内藤邸の間に設営されたが、土佐藩の資料は、その時の様子を次のように記録している〔林 2000〕。

十時頃約ノ如ク大手門外ニ降参ト書シタル大旗ヲ樹ツ、乃チ諸口ノ官兵ニ令シテ砲撃ヲ止ム、城中ヨリ幕ヲ大手門外ニ張リ歎願書取受ノ場所ヲ設ク、諸軍錦旗ヲ擁シ追手門外ニ整列シ軍容甚盛ナリ、午十二時頃重役萱野権兵衛・梶原平馬・肥後父子（筆者注・容保と喜徳父子）ト同ク礼服無刀ニテ出城シ幕内ニ入リ歎願書ヲ軍監中村半次郎ニ達ス、然ル後一旦帰城ノ上不快趣相断リ駕籠ニ乗テ再ヒ出ツ、軍曹山縣小太郎騎シテ先行シ薩州兵一小隊前ヲ堅メ、我カ十五番隊其後ヲ護シテ城北滝沢村妙国寺ニ送ル、家族男女三十人許亦出テテ同寺ニ赴ク、然ル後諸藩

相会シテ兵器ヲ追手門外ニ受領ス、此夜肥後家族無食ノ聞ヘアルヲ以テ餅及ヒ砂糖若干筐ヲ給
与ス（以下略）

会津藩士からは、**薩長**に降伏するのではなく、**朝廷**に恭順するのだから、「**降伏**」「**降参**」ではなく、「**恭順**」と書くべきであるという主張がなされたが、結局、**白旗**には「降参」と大書された。白布は悉く使い果たしていたため、白旗は城中の白布の切れ端を寄せ集めて、籠城の婦人たちが、涙ながらに縫い合わせたものであった。人々はこれを見て、「**涕流大息**」しない者はなかった、と記録されている。会津人の無念は、如何ばかりであったろうか。

ここに**西軍七〇藩**を相手に、**一ヵ月**に及んで激戦が繰り広げられた、**鶴ヶ城攻防戦**は、漸く終わりを告げた。容保と喜徳は「**王師に抵抗**」したことを詫びた。「**容保の歎願書**」に続いて、会津藩重役より、「**臣下一同の歎願書**」も西軍に差し出された。いわば「**無条件降伏**」であり、その場で**一七名**が**切腹**して果てたという。式典は短時間で終わった。

降伏式場には、中央に一五尺四方の**緋毛氈**《ひもうせん》が敷かれていたが、式典終了後、東軍出席者は、この毛氈を全員で分け合った。白い小旗をもって式典に立ち会った秋月悌次郎が、この毛氈を「**泣血**《きゅうけつ》**氈**《せん》」と名づけ、この日のことを忘れないために、東軍出席者の全員が「切れ端」を持ち帰ったという。

土佐藩の資料にあるように、会津藩の降伏式を仕切ったのは、板垣でも伊地知でもなく、「**人斬**

り半次郎」たる、薩摩の軍監**中村半次郎**（**桐野利秋**、後の陸軍少将・熊本鎮台司令長官）であった。これには、薩摩の西郷の意向が、どの程度反映されていたのであろうか。中村は、一〇年後の**西南戦役**（**丁丑《ていちゅう》戦役**）で、反乱軍（賊軍・賊徒）幹部として、西郷と共に、郷里の鹿児島城山で**戦死**する運命となる。

容保・喜徳父子は一旦帰城したが、その際に、城内の死者を**埋葬**した兵器庫の空井戸と、二の丸北側の梨子園（伏兵丸）に礼拝し、籠城の諸隊ごとに労をねぎらったという。郭内の米代二之丁の北側にあった**藩校日新館**も、焼失していた。

降伏時、鶴ヶ城内には**五〇〇〇名**程の人々がいたが、その三割は、**傷病者**や**老人・子供・婦女子**であった。城の明け渡しは、午後四時から開始され、藩老山川や軍事奉行らが先頭して、本丸から引き渡し、午後七時頃には終了した。かなりの数の傷病人が、城内に留まっていたのである。

明け渡しにより出城した、**間瀬ミツ**（三九歳）は、

（前略）三ノ丸御門を通り出候処、豊岡の上、延寿寺一面、敵数百人居候か。萌黄・赤、色々色頭巾を着し固め居り、（略）夫れより天神口御門を出候処、延寿寺下御堀端芝原には、御城よりかつぎ出し病人手負、台の上に何百人と並べおき、看病人付の人もあり、つかぬ人もあり、まことに目もあてられぬ事共なり

と、その著書『戊辰後雑記』に記している〔菊地・伊東 1998b〕。

ミツの実弟で、白虎隊士の**間瀬源七郎**（一七歳）は、飯盛山にて**自刃**し、父の**間瀬新兵衛**（六七歳）は、九月一四日に城中で**被弾**し斃れ、長兄の**岩五郎**は、八月の「長命寺の戦い」ですでに**戦死**していた。また、**妹ゆふ**（一九歳）は、落城後に**戦病死**している。

一方、**奥会津**の**只見**や**田島**方面では、**佐川官兵衛**率いる東軍部隊らが善戦していたが、会津落城の報が、若松から早馬で届けられた。そこで、九月二五日頃には**停戦**となり、東軍は田島に引き揚げたという。伊南川流域での戦闘は、東軍の優勢のうちに終止符が打たれたのである。

会津の友軍であった**長岡藩**は、「北越での戦い」から、**計三〇九名**の戦没者を出していたが、正式な降伏は、会津藩より遅れて一〇月六日であった。同盟軍としては、「最後の降伏」であったと思われる。

明治天皇は、会津で激戦が展開されている最中の八月二七日、**京都**で「**即位の大礼**」を挙げ、翌九月二〇日には、「**東京遷都**」を前提として、東幸の途に出発した。**総勢二三〇〇名**の天皇一行は、**東海道**を進んでいた。天皇の車駕が東京に到着するのは、会津落城後の一〇月一三日であるが、旅中の**九月二二日**、明治天皇は**一七歳**の誕生日を迎えた。

この「**天皇誕生日**」を以て、以来「**天長節**」となるが、初めての天長節を迎える日に、会津藩が降伏したことになる。これは明らかに、西軍が国家の「記念日」として、意図的に「**会津降伏日**」を重ね合わせたものであろう。

会津戊辰戦役における**西軍戦没者**は、**約三〇〇名**であった。これに対し、**東軍戦没者**は、その一〇倍にあたる、**三〇〇〇余名**を数えたという。さらに**同盟軍の戦没者**は、**計四六〇〇余名**といわれている。会津落城から二日後の夜、**猪苗代**には**尺余の積雪**が記録されることになった。冬の到来であった。

既述のように、長い間、会津藩の友軍であった、西軍**大垣藩**の「大垣藩奥羽征伐史資料」は、左記のように嘆じている〔星 1990、二木 2004〕。

> ああ戦国の習いとはいいながら皆落涙、衣襟湿らさざるものなし。ことに大垣藩に至りては、万延以来、京都にありて互いに忠勤を尽し、特に今春相提携して、洛南において薩長と銃砲を交え、今秋は会藩と旧交の情、一瞬間に相反目し、槍剣を戦わす。まことに時勢とはいいながら会藩とともに京都御守衛に相任じ、国家の安危を憂え、勤王の志厚かりしに、朝議一変して相ともに朝敵となり、再変して今日の場合に至る同藩の真情、嗟嘆にたえず。また鳥羽戦争に携りたる大垣藩隊士等非常の感動が胸中に湧出し、悲喜こもごも至り、戦争の悲哀は今も昔も変わりなくとて涕泣禁ぜざるものあり。

E　西軍殉難戦没者の埋葬

会津城下において、**武家屋敷**の大半は**焼失**し、**町屋**の三分の一は、**兵火**に焼かれた状態であった。

落城の翌日、**城中の将兵三二五四名**を、米沢藩兵の警護の下、**猪苗代**（耶麻郡猪苗代町）に移して謹慎させた。既述の護衛隊の高木盛之輔も、このなかにあったという。城内の**治療所**は、小田山西側の**青木村**に移して、**五〇〇余名**の**病人・負傷者**を収容した。

また、**六〇歳以上一四歳以下の男子**と**婦女子**は、**塩川**（耶麻郡塩川町）・**喜多方**（喜多方市）方面に立ち退かせて、お構いなしとした。さらに、城下にあって降伏した、佐川らの**将兵一七四四名**には、塩川で謹慎を命じた。

容保・喜徳父子は、藩老の**萱野権兵衛**らとともに、滝沢本陣近くの**妙国寺**（日蓮宗、一箕町八幡）にて謹慎となったが、翌一〇月には、**東京**に送られて**「幽閉の身」**となった。容保は鳥取藩邸に、喜徳は久留米藩邸に入った。

これら生き残った会津藩士は、長州の**木戸孝允**（桂小五郎、後の参議）によって、**「会津降人」**と命名されたという。ただし、東軍戦没者の死体は**「賊軍」**として、西軍当局から、その**埋葬**を固く禁じられていたのである。

一方で、開城直後のから、**会津全域**にわたり、**数万**に上る**百姓（農民）**の激しい**蜂起**がおこった。**「世直し一揆」「ヤーヤー一揆」**と称されるものである。とくに各村の**肝煎層**が襲撃の対象となった。藩政時代の農民の不満が爆発したのである。多くの村々の肝煎は、会津から逃れていったという。

二本松と同様に、城下では、西軍による**暴行・強姦**や**「分捕り」**も横行した。あちこちに、**「薩州分捕り」「長州分捕り」**などと大書された、大標札が建ち、**略奪**の限りが尽くされたという。士中に埋められた家財道具類まで、掘り返され、馬の背に積んで、売りさばかれた例もある。

西軍によって、大多数の**寺院**も焼き払われたなかで、**「菊の御紋」**を掲げた、城下の**融通寺**〔浄土宗、大町〕は残った。同寺は、近世初頭の会津藩主たる蒲生氏の時代に、**京都知恩院**〔浄土宗総本山〕の末寺として、**勅願寺〔勅願所〕**となった。地方の一寺院が勅願所とされた例は、他にないという。

したがって、さすがに西軍も、勅願寺を焼き討ちにはできなかったのである。ただし、同寺の家財道具や多くの書類などは、門前で焼却され、三日三晩にわたって燃え続けたという。同寺住職は、鶴ヶ城に入り**籠城戦**に加わっていた。

この融通寺には、**西軍軍務局**が置かれたが、明治元年一〇月一日〔**九月八日に明治改元**〕には、一種の軍政機関たる、**若松民政局**が設置される。そして翌二日には、**「民政局死体埋葬に関する命令書を出す」**〔会津史学会 2009〕、と伝えられている。ただし、この命令書の内容は、残念ながら不詳である。

同寺境内には、既述の**白河長寿院**と同様に、直ちに**官修墓地〔官軍墓地〕**たる、**西軍墓地〔戊辰戦役西軍戦没者墓地・若松大町墳墓地〕**が設けられた。本堂を位牌所とし、住職には回向が命じられた。

同墓地霊域門の**「燈籠」**の刻文〔原漢文〕には、次のようにある〔中村 1978〕。

明治元年の春、奥羽北越諸侯王命に抗し天皇赫怒して太宰師《ママ》、兵部郷《ママ》二親王に命じて勤王諸侯の師を率いて之を討つ。兵部王北陸自り、有栖川王は東海より往きて匪徒を平らげ、秋九月両道之師は会津に会して、若松城を囲み攻戦して日有り遂に平定の功を奏し、而して戦没者もまた少なからず。屍を此土に葬り、石を建てて大要を記し、後世に忠義之勇の若人有るを知らしむは、是奨励之意也

会津西軍墓地（若松大町墳墓地）

同上

明治二年歳次己巳四月建
事務判官事試補若松城戊守
三宮耕庵源義胤撰
安房長尾藩士熊沢薫書

この金石文によると、西軍墓地は明治二年四月に整備され、現在のような形になったことが分かる。既述の**三宮耕庵**は、「若松城戊守」という肩書きで、西軍墓地造営の責任者でもあったのである。三宮の江州の生家は、真宗寺院であったという。

同墓地では、**大垣藩**が西軍としては最初の墓碑である、**「大垣　戦死二十人墓」**を、早くも明治元年一〇月に建立した。翌一一月には、**薩摩藩**が**「仙城凱旋燈籠碑」**を建立し、一二月には**肥州藩**（**佐賀藩**、外様三五万七〇〇石、城址は佐賀市）が、墓域に**玉垣**を巡らした。

また同年秋には、**土佐藩**も**供養燈籠四基**を建立している。そして、**長州藩**が**「長藩戦死十五人墓」**を「戊辰三回忌」にあたる、明治三年四月に建立したことで、**西軍雄藩「薩長土肥」**の墓碑が全部揃った。

同地に埋葬された**西軍戦没者**は**一五〇名**で、会津戊辰戦役での、全西軍戦没者の約半数が収容されたことになる。また、その所属は全国**九藩**（土佐四九、薩摩三三、長州二四、大垣二〇、肥州一一、備州六、岡山（備前）三、**館林二**、越前一、藩籍不明一）に及んでいる。

白河長寿院の西軍墓地と同様に、同地は**官有地**で、坪数は三反七畝二歩であった。**福島県庁**から毎年、**公費**の**「掃除料」一八円**が、**監守人**に下賜されたという。ただし、記録に残る監守人は、同寺住職ではなく、**蚕養国《こかいくに》神社**（後の県社、会津若松市蚕養町）の社祠であった。同社は「養蚕の神」として知られていたが、後述するように、この監守人は**招魂社（神式）**と関連していた。墓地の周囲は、木材を以て玉垣を為していた。

既述のように、**土佐藩**が最多の**四九名**（夫卒一一名を含む）を埋葬したが、**表2**は**「会津西軍墓地**

「大垣　戦死二十人墓」

肥州（佐賀）藩の墓域

「戊辰　薩藩戦死者墓」

「長藩戦死十五人墓」

での土佐藩埋葬者一覧」である。官軍諸道軍監たる、**牧野群馬**（**茂敬、小笠原唯八**、四〇歳）は、**板垣退助**と共に、土佐討幕派の中心人物であった。牧野は**「若松之役」**で八月二三日に負傷し、二日後に**戦没**した。この牧野以下を埋葬した同藩の墓域に関して、土佐藩の資料には左記のようにある〔林 2000〕。

> 石碑ハ総テ東ニ面ス、南ヨリ壱牧野碑一基之ノ行ニ習ヒ小笠原ヨリ岡田迄一列ニ葬ムル、之ノ右側ニ闕ヲ置キ西大路藩豊嶋ヲ葬ムル之レヲ第壱全面トス、其後面南ノ壱河野ヨリ上田迄ヲ一列ニ葬ムル之レ第二後面トス、其後面ニ川ノ碑一基アリ、闕ヲ置キ之ノ碑面ノ行ニ習ヒ夫卒六銘ヲ一列ニ葬ムル（以下略）

表2　会津西軍墓地での土佐藩埋葬者一覧

戦没年月日	墓碑銘（年齢）	戦没場所	備考
慶応4・8・25	**官軍　諸道軍監　牧野群馬茂敬墓（40）**	？	**小笠原唯八**。8月23日の「**若松之役**」にて若松城中丸で負傷し2日後に没
慶応4・8・23	**官軍　小隊長　土藩　小笠原謙吉茂連墓（29）**	若松城	**戦死**。兄は牧野群馬
慶応4・8・23	官軍　小隊長　土藩　宮崎合介政元墓（26）	若松城中丸	戦死
慶応4・8・25	官軍　小軍監　土藩　安岡覚之助正義墓（34）	若松城中丸	死
慶応4・8・23	官軍　小軍監　土藩　三原兎弥太正矩墓（25）	若松城中丸	死
慶応4・8・23	官軍　土藩　福岡友次郎孝英墓（19）	滝沢口	戦死
慶応4・8・23	官軍　土藩　真辺哲馬正克墓（19）	滝沢口	戦死
慶応4・8・24	官軍　土藩　宮崎小三郎品亨墓（53）	若松城中丸陣中	死
慶応4・8・23	官軍　土藩　尾崎萬助正義墓（19）	若松城	戦死
慶応4・8・23	官軍　土藩　上田茂太郎大元墓（31）	会津城	戦死
慶応4・8・23	官軍　土藩　大石左馬司守正墓（27）	会津城	戦死
慶応4・8・23	官軍　土藩　上田官吉正秋墓（30）	会津城	戦死
慶応4・8・23	官軍　土藩　弘田俊吉吉＿墓（42）	会津城之下	戦死
慶応4・8・23	官軍　土藩　二宮梶平直道墓（40or43）	会津城	戦死
慶応4・8・23	官軍　土藩　大野磯亟守孝墓（38）	若松城	戦死
慶応4・8・23	官軍　土藩　山本礼吉正明墓（30or32）	若松城	戦死
慶応4・8・23	官軍　土藩　島本為太郎輝茂墓（19）	若松城	戦死
慶応4・8・23	官軍　土藩　高橋兵助重明墓（20）	若松城	戦死
慶応4・8・27	官軍　土藩　阿部駒吉洞元墓（30）	会津城	戦死
慶応4・8・23	官軍　土藩　小島憶介徳明墓（23）	若松城	戦死
慶応4・8・29	官軍　土藩　岡村進勇墓（26）	若松	戦死
慶応4・8・23	官軍　土藩　八木伊与吉正儀墓（27）	若松城	戦死
慶応4・8・29	官軍　土藩　森本平馬栄和墓（38）	若松城	戦死
慶応4・8・29	官軍　土藩　尾崎猪三次直勝墓（19）	会津城	戦死
慶応4・8・29	官軍　土藩　松田順次郎道利墓（27）	会津城	戦死
慶応4・8・29	官軍　土藩　中村茂藤次宗教墓（43）	会津城	戦死
慶応4・9・3	官軍　土藩　島村謙之助安義墓（20or22）	？	8月23日に若松城中丸で負傷
慶応4・9・2	官軍　土藩　楠島熊吾勅墓（19）	？	8月29日に若松城中丸で負傷
慶応4・8・23	**官軍　土藩　岡田孫弥重英墓（20）**	若松城	**戦死**。「埋以遺物」とある

慶応4・8・23	**官軍　西大路藩　豊島作治郎信周墓（?）**	滝沢口	**戦死**。江州仁正寺藩は西大路藩と改称。「土州附属金穀方」とある
慶応4・9・17	**官軍　土藩　河野忠之進春雄（18）**	若松城南	**戦死**
慶応4・9・17	官軍　土藩　岩原久万吉正（墓）（?）	?	戦没
慶応4・9・17	官軍　土藩　岩井猪之助正恒（墓）（?）	?	戦没
慶応4・9・17	官軍　土藩　金子和三郎正之墓（26）	若松城南	戦死
慶応4・9・17	官軍　土藩　原庄九郎幸雄（墓）（?）	?	戦没
慶応4・8・23	官軍　土藩　池田陽三郎義盈墓（18）	若松城	戦死
慶応4・8・23	**官軍　土藩　上田長三郎茂久墓（19）**	若松城	
慶応4・10・4	官軍　土藩　二川為治重寛墓（18）		
?	**官軍　土州夫卒　野州福原村　三蔵墓**		
?	官軍　土州夫卒　常州笠間村　恵助墓		
?	官軍　土州夫卒　本山郷　与太郎墓		
?	官軍　土州夫卒　布師田村　庫次墓		
?	**官軍　土州夫卒　館林領　猪助墓**		
?	官軍　土州夫卒　奥州雷村　安右衛門墓		
?	官軍　土州夫卒　本山郷　庫次墓		
?	官軍　土州夫卒　野州芳賀郡市場村政吉墓		
?	官軍　土州夫卒　下野国吹上ノ者壱人墓		
?	官軍　土州夫卒　北地村　伊太郎墓		
?	官軍　土州夫卒　豊永郷　久太郎墓		

※「戊辰役殉国者墳墓簿」〔林 2000〕をもとに作成

牧野の墓碑の隣りには、実弟で官軍小隊長であった、**小笠原謙吉**（二九歳）も埋葬されている。また**夫卒**とは、後の**軍夫**であろうが、その殆どは**土佐出身**ではなく、**野州・常州・奥州**などの出身者で、転戦先で雇われた人々であったのだろう。夫卒の埋葬者は**一一名**となる。その他、城下の**実相寺・自在院・専福寺・法華寺**に、**西軍計二五名（一四藩）**が埋葬されている。また会津坂下の**光明寺**には、**小倉藩士一二名**の墓があるという。

「官軍諸道軍監牧野茂敬墓」

ところで、野口（2017）によれば、既述の明治二年四月には、**融通寺西軍墓地**で盛大な**法要**が営まれたという。また、同墓地が**荒らされる**こともあり、墓域の周囲に**柵堀**が厳重に巡らされた。さらに同七月には、**巡察使**により**招魂祭**が執行されることになり、招魂社も建てられたという。これは**大町招魂社**と称された。ただし、同社は一〇年ほどで姿を消しているという。

そうすると、同地は**遺体**を埋葬し、戦没者を**神式**で**カミ**とし

高杉晋作・久坂義助（玄瑞）らの墓碑
（京都霊山護国神社）

て祀る「**招魂墳墓**」ということになろう。それは**東京招魂社**（遺骨なし）ではなく、「**幕末の志士**」たちを埋葬した、**京都霊山《りょうぜん》招魂社**（遺骨あり、後の**京都霊山護国神社**）の系譜に繋がるものである。管見によれば、当初は全国的に、招魂墳墓の形態が多かった。

土佐藩兵が、会津若松から帰国の途に就くのは、落城後の一〇月三日頃からというが、**表3**は「**土佐藩の戊辰役殉国者墳墓一覧**」である。とくに**栃木・福島・新潟**の各県に分布していることが読み取れよう。

会津西軍墓地は現在、融通寺に隣接する**東明寺**（時宗）が管理し、**東明寺西軍墓地**となっている。また**会津人**によって、**西軍墳墓史跡保存会**が結成（昭和二九年）され、西軍戦没者の慰霊活動が実施されている。

表3　土佐藩の戊辰役殉国者墳墓一覧

墳墓地名	現所在地	人　数	墓域	内　訳　等
茨城県・光福寺	茨城県結城市	1名	2坪8合	「官軍土州　上田楠次元永」(戦死、32歳)
栃木県・興光寺	栃木県下都賀郡壬生町	7名	12坪	「土佐　杉村普作盛重墓」（戦死、23歳）他。**「墓所掃除料並柵垣修繕費」**として金16円を栃木県庁より墓地監守人（住職）へ下賜
栃木県・如来寺末寺回向庵	栃木県日光市	**10名**	6坪3歩	「官軍土州藩士　小松駒之助盛勝墓」(戦死、23歳）他
栃木県・龍蔵寺十王堂墓所	栃木県日光市	1名	1坪6合	「甲州住人　臼井清左衛門墓」。**「墓所掃除料」**として金1円を毎年栃木県庁より墓地監守人（住職）へ下賜
栃木県・安養寺	栃木県宇都宮市	1名	1坪	「官軍土佐藩　高橋喜佐治好幸墓」(死、27歳)。**「墳墓掃除料」**として年金1円を栃木県庁より墓地監守人（住職）へ下賜
栃木県・正観寺	栃木県那須塩原市	1名	1坪	「官軍　土州　多田温兵衛貞義墓」(病死、19歳)
栃木県・浄泉寺	栃木県那須塩原市	1名(2名とも)	1坪	「土佐藩　有田丈次郎墓」(病死)。
福島県・白河長寿院(白河西軍墓地)	白河市本町北裏	**18名（うち人夫3名)**	約50坪	**本文参照**
福島県・蓮家寺	福島県東白川郡棚倉町	1名	1坪	「官軍　土藩　公文力之助義盛」(戦死、24歳)。**「墓地掃除料」**として年々金1円50銭を福島県庁より監守人（住職）へ下賜
福島県・紫雲寺(大村土両藩墳墓地)	福島県田村郡三春町	4名	約10坪	「官軍　井上弥太衛門時義墓」(戦死、21歳）他。**「墓地掃除料」**として金5円を福島県より監守人（住職）へ下賜
福島県・誓伝寺薬師堂（**上州館林藩墳墓地**も併設)	福島県本宮市	1名（**館林藩6名)**	2坪	「官軍　土藩　美正貫一郎建臣碑」(戦死、遺体はなく遺物を埋葬)。**「掃除料」**として年々金3円を福島県庁より監守人（住職）へ下賜
福島県・西園寺	福島県耶麻郡猪苗代町	1名	?	「中島輿一郎光尹墓」(戦死、18歳)。**「墓地掃除料」**として毎年金2円50銭を福島県庁より監守人(住職）へ下賜

福島県・北会津郡若松大町墳墓地（会津西軍墓地）	福島県会津若松市	**49名**		詳細は**表2参照**
福島県・法華寺	同　上	4名	3坪	「土藩　軍夫　弐人墓」、「戦死壱人之墓」（高知藩夫卒）、「戦死壱人之墓」（高知藩夫卒）。**「墓地掃除料」**として毎年金3円50銭を福島県庁より監守人（住職）へ下賜
福島県・自在院	同　上	2名（土藩夫卒）	1坪	「奥州　岩瀬郡鉾突村　角田忠兵衛」（戦死）、「萬吉」（戦死）。**大垣軍夫2名**の墓もあり
新潟県・岩船郡勝木村墳墓地（各藩墳墓地）	新潟県村上市？	6名	4坪（全体は18坪）	「土州　平石六五浪正則墓」（戦死、27歳）他。**「永世供養料」**として金12円
新潟県・岩船郡中浜村墳墓地	同　上？	5名	6歩	墓前正面に**鳥居**あり。「官軍　土州　橋本虎蔵之神霊」（戦死、27歳）、外4名（姓名不詳）。
新潟県・西蒲原郡寄居外新田字**常盤ヶ岡招魂社（新潟県護国神社）**	新潟市西船見町	**10名**	全体は1574坪	**官有地第一種**。「高知藩　広瀬修為久墓」（戦死、、25歳）以下4名の死体あり。
招魂社神官は白川神社祠掌				
新潟県・柏崎町墳墓地（**招魂社**）	新潟県柏崎市	3名	全体は346坪	「土州藩　勝賀野左司馬源正道神霊」（柏崎大病院で没、21歳）他
東京府・谷中埋葬地	東京都豊島区谷中	1名	？	岡本健三郎所有地。「土州　岡本兵衛美雅墓」（横浜大病院で死、22歳）。元横浜野毛町大聖院境内に埋葬する所、健三郎実弟なるを以て自分所有の墓地に改葬した
神奈川県・久良岐郡程ケ谷駅久保山墳墓地	横浜市西区元久保町	7名	2坪余	**横浜港内人民埋葬地**。「土州　長崎修吾重成墓」以下6名は「死於横浜大病院」とある。横浜野毛町大聖院境内に墳墓があるが、寺僧は遺族に照会して同地内に改葬した
京都府・東山霊山招魂所（京都霊山護国神社）	京都市東山区清閑寺霊山町	1名	？	「土藩　筒井芳五郎茂久墓」。**「鳥羽伏見の戦い」**で戦傷死（38歳）

※「戊辰役殉国者墳墓簿」〔林 2000〕をもとに作成

F　東軍殉難戦没者の埋葬

西軍墓地の建設とは対照的に、**東軍戦没者の死体**は、路傍に**放置**されたままであった。たとえば、既述の猪苗代謹慎組の会津藩士らが、**滝沢峠**から**戸ノ口原**にさしかかったところ、戦死した者たちの**死体**が草中に倒れ、鳥についばまれていて、**死臭**が鼻腔を突いたと、元東軍兵士は記録しているという。

生き残った会津藩士らは、戦友のこうした**惨状**に涙し、その**埋葬許可**を得るために奔走した。なかでも、**町野主水**《もんど》（三二〇石）は、戦友の埋葬に関して、粉骨砕身することになる。町野は**「禁門の変」**で、**槍の名手**として活躍したが、**上越「三国峠の戦い」**（慶応四年閏四月二四日）では、白虎隊士であった**弟の久吉**が**戦没**（一七歳）し、城下攻防戦では、**妻子**ら**家族五名**を失っていた。

町野は後に、**「明治戊辰殉難者之霊奉祀ノ由来」**（高橋磐美速記。以下、「奉祀ノ由来」とする）を残しているが、それには次のようにある〔宮崎 1991〕。

時ニ官命ハ我彼ノ戦死者一切ニ対シテ決シテ何等ノ処置モ為ス可カラズ、若シ之レヲ敢テ為ス者アラバ厳罰スト云フニテアリキ。サレバ誰アリテ之ガ埋葬ヲナス者ナク、屍体ハ皆狐狸鳶烏ノ意ニ任セ、或ハ腐敗スルノ悲惨ヲ極メザル可ラザルナリ

この史料によれば、横たわる死体に、人が手を付けることが禁じられた。そして、西軍によって

戦没者の**検死**が行われ、**敵味方の区別**がなされていったのであろう。その後、直ちに西軍は、味方の遺体回収作業を実施したはずである。いわゆる「**戦場掃除**」であった。

一方、敵であった東軍戦没者の死体は、西軍によって収拾されることなく、そのまま山野や路傍に**放置**され、**風雨**に晒されて、**鳥獣の餌食**となり、あるいは**腐敗**するにまかされていたのである。勿論、飯盛山で自刃した**白虎隊士の遺体**も、**悲惨**な状態にあった。

こうした状況下で、猪苗代や塩川で謹慎を命じられていた、**町野ら藩士四〇名**は、落城から一ヵ月後の一〇月下旬、会津の地元「取締」の補助者として、**戦後処理**にあたるべく、**滝沢本陣**と肝煎の**吉田伊惣次（治）**宅に、護送されたという。

町野ら**二〇名**が吉田宅に到着すると、伊惣次は、飯盛山中腹の**白虎隊士**の死体の処理について語った。伊惣次はその惨状を見て、同情のあまり**二個の棺桶**を作り、それに**隊士四体**を入れた。そして、飯盛山の西北約五〇〇メートルにある、容保らが謹慎していた、自家の菩提寺の**妙国寺**（日蓮宗、当時無住であった）の境内に、**埋葬**したことを伝えた。

四遺体の回収に止まったのは、すでに**降雪**に埋まっていた遺体が、少なくなかったからとされている。ただし、実際にこれを行ったのは、伊惣次ではなく、その**妻の左喜**であったという。伊惣次は当時、留守であったという。

ところが、これが**西軍黒羽藩兵**の知るところとなり、伊惣次ら四名は、融通寺の**西軍軍務局**で取り調べを受けることになった。誰に頼まれて埋葬したのかと聞かれたが、自分たちの自主的な判断であることを説明し、結局、四日間の**留置処分**で釈放された。

放免される際、今後このようなことをすると、「**重罪**」に処すると申し渡された。重罪とは、**断首処分**であったという。せっかく埋葬された少年の遺体は、西軍によって掘り起こされ、**再び野に投棄**された。落城から三ヵ月後、一二月頃のことであったとされている。

「白虎隊士自尽假埋葬地」
（妙国寺）

これを聞いた町野らは、滝沢本陣に集合し、一同悲嘆の涙に暮れながらも、とくに年若い白虎隊士の遺体を葬って**断罪処分**とは、如何にも**没義道**であるから、これからよく掛け合って埋葬しようと一決した。

まず、融通寺の西軍軍務局に出向き、**山本総督**なる人物に会って、埋葬の件を交渉しようとしたが、会うことはできなかった。山本は博徒上がりとかの人物であったという。そして翌日も空振りに終わった。

三日目に山本総督を訪ねると、山本は馬上から、融通寺に廻れと言い放って出ていった。町野らは、この無礼な仕打ちにも我慢して、融通寺で待っていると、またもや江戸へ伺い中であるからだめだといって、山本は引っ込んでしまったという。

ところが間もなく、既述の**三宮耕庵**（副総督）が出てきて、ひとまず上がれといわれ、ここで町野らは、百方嘆願に及ぶことになる。すると三宮は、自分の故郷である**江州膳所《ぜぜ》藩**（譜代六万石、城址は滋賀県大津市）でも、**幼少組**の壮烈な事蹟がある。したがって、この度は同情に堪えぬといい、結局、致し方ないから、自分が**黙許**しようと答えたという。

既述のように、三宮の生家は寺院とされ、また西軍墓地の設営に関わっていたから、**東軍の埋葬**についても、特別な理解を示したのであろう。こうして、白虎隊士の**飯盛山**（一箕町八幡）への埋葬が、認められたのである。この厚情な対応に、町野らは感激の涙を流した。そして夜中に滝沢村に戻り、一同に経緯を報告すると、一同は愁眉を開き、泣いて喜んだという。

ところで、**埋葬費用**が必要であった。以前の四体分は一五両かかっていたが、今回の分と合わせて一同財布を叩こうと決め、元家老の**原田対馬**以下、**約四〇名**から**三三両**集めて伊惣次に託した。伊惣次は村人を集めたが、その作業は黙許であったため、**深夜**のうちに行われたという。その埋葬場所は、隊士の刀の柄袋が落ちていた所に決められた。この場所が、現在の**飯盛山の墓所**である。

自刃白虎隊士が埋葬された飯盛山は、**弁天山**とも呼ばれ、宗教的には、**鶴ヶ城の鬼門**（**東北**）の守りの役割を担っていた。**京都**市街に対する**比叡山**、**江戸城**に対する**上野山内・寛永寺**、などと同様の位置づけであった。同地は、蘆名氏以来の歴代城主からも崇敬を受け、神社・仏閣が散在し、会津城下の人々の**参詣遊山の地**でもあった。当時、自刃隊士の正確な数は明らかではなかったが、飯沼貞吉の証言から、その数は、**飯沼**を含めて**一六名**（異説あり）とされていた。

隊士のうち、**間瀬源七郎**（一七歳）の**姉三人**は、弟の安否を確認するため**飯盛山**に出向いた。現地では、遺骨や遺品が奪取されていたのか、**自刃者の衣服**がずたずたに千切れて、地上に堆く積まれていたり、袴や足袋などが、松の枝に垂れていたりしていた。そのなかに、自分たちが弟のため

飯盛山の白虎隊士墓所

吉田伊惣次の「篤志碑」
（飯盛山）

に縫った**遺品**が混じっていたので、その一部を**遺骨代わり**に持ち帰ったという。そして、自家の菩提寺たる**天寧寺**（曹洞宗）に、小さな**墓**を建てた。戒名は「勇猛院忠誉義進居士」であった。

後に自刃隊士として確認される、**池上新太郎**（一六歳）は、既述の**妙国寺**に**仮埋葬**された一人であった。**継母たみ子**は、仮埋葬された妙国寺から、息子の**遺骨一片**とその**衣服の残片**を貰い受け、菩提寺の**浄光寺**（浄土真宗）に埋葬している。法名は「義勇院忠達日清居士」であった。

槍術一旨流の切紙下免許を受けた、**野村駒四郎**（一七歳）の**遺品**も、**母みね子**によって、菩提寺の**恵倫寺**（曹洞宗）に移されている。戒名は「義詮孝忠居士」であった。

また隊士に自刃を促し、その介錯役を務めたという**西川勝太郎**（一六歳）に関して、二瓶由民著『白虎隊勇士列伝』（明治二三年刊）には、次のようにあるという〔中村 2001、歴史春秋社 1994、会津武家屋敷：木版画集〕。

> 最後に西川が左右を見わたすと、「山下を過る農民」がいた。誰何すると、「滝沢の者」だという。そこで西川勝太郎は、最期の頼みごとをした。
>
> 「我輩（われわれ）の死骸（を）深く山中に埋め、敵に首級を得せしむることなかれ。幸いに我輩皆、金銀若干あり。汝、大小刀とあわせてこれを取れ、これ報酬なり」。
>
> こうして西川が友人たちの後を追ったにもかかわらず、この農民は彼を裏切った。
>
> 「各人の金嚢（財布）および大小刀、上着等を略奪し、しかして屍を棄てて埋めず」

という盗賊に変貌したというのである。

ところがこの農民は、明治二年六月のある夜、山路を歩いていて災禍に遭った。高みから岩石が落下して「頭脳を圧傷」してしまったのだ。農民はあちこちの医者に治療を乞うた。しかし皆この男の「所為」を知り、憎んでいたので、ひとりも往診しなかった。数日後かれは発狂し、「嗟々虎来りて我を噛む、虎来りて我を噛む」と叫びながら死んでいった。

その後、西川勝太郎の母は、愛息の佩刀を「若松某の骨董店」で発見、買いもどして家宝とした。これも「初め悪漢の掠奪せしもの」だ、と『列伝』は断定的に書いている。

西川家は**神道**の家であったので、勝太郎の**母せき子**が、勝太郎の遺骨数片を得て先祖の廟に葬り、**神祭**された。彼は「節顕霊神」の号を諡されたという。

このように、飯盛山等から、何人かの遺骨や遺品は、遺族らによって、**自家の菩提寺**に移されたのである。

他方、この頃まだ会津贔屓が多かった**東京**では、**浅草**で発行されていた、日本最初の新聞たる『天理可楽怖』（テリガラフ）第三号（明治二年四月二八日付）に、左記のような自刃白虎隊士の記事が報じられた。地元の会津以外の地で報道された、**「白虎隊の殉難」**に関する、最初の記事と考えられるという〔飯盛 1997、中村 2001〕。

此に御談あり。一の老嫗ありて其子の行方を知らず。尋ねて山を攀ぢ行けば、各両裸をぬぎて腹を屠れるも有り、喉を突けるもあり、刃に伏せるもあり、伏屍相撲りて鮮血淋漓たるを見るに、何れも幼弱にて年頃子と相均しければ、老嫗憫然と涕を流し親しく閲し視るに、一人刃を喉に刺はさみ気息猶通ずるの如くなれば、除に刃を抜き、其儘負ひ帰り漸く養を加へければ、其人遂に蘇生せり。（中略）一人蘇生せるに因て、外十五人の姓名も詳になりける由なり。（中略）愈官軍の発向したるを知り固より王師に抗するの意なければ、（中略）豈再び順を犯すの意あらんや。（中略）此大に国家に稗益あるべき也。何ぞ其心掛を疑はんや。以て如何と思うといへり。

飯沼は明治二年四月以前に、その重い口を開き、**隊士の自刃の様子**を伝えて、この記事に繋がったものであろう。**会津藩**は止むを得ず戦ったのであり、決して**「逆賊」**などではないという、強い思いが伝わってくる。

既述のように、白虎隊士の埋葬は許可されたものの、それ以外の**東軍三〇〇〇名**の**死体**は、依然として路傍や山野に**放置**されたまま、手つかずの状態であった。そこで再び**三宮**に対して、町野らの粘り強い交渉は続けられ、漸くその思いは通じることになる。ただし、それには厳しい条件が提示された。

西軍は、**東軍戦没者**を**「罪人」**以下と見なして、**城西の薬師堂川原**と、**小田山山麓の旧罪人塚**を墓地として指定した。とくに後者は**五社壇**と呼ばれ、**藩士の馬**も埋葬していたという。さらに死体の処理は、会津五郡および東部沿道の**被差別民**に行わせるならば、許可するとした。会津側としては罪人扱いではなく、一般の死者と同様の取り扱いで、**寺院境内**に埋葬できるよう懇願していた。当時の世の中は、依然として厳しい**身分制度**の渦中にあったのである。

これに対し三宮参謀は、死体処理を被差別民に行わせることは譲らなかったものの、城下の**阿弥陀寺**（浄土宗、七日町）と、既述の**長命寺**の**二ヵ所**を、**埋葬場所**とすることを許可した。その選定理由としては、両寺とも被差別部落や藩の**刑場**に近かったことと、とくに長命寺は、「戊辰八月の激戦地」であったことが挙げられるという。

ただし、ここで問題があった。当時一般の武士は、被差別民と言葉を交わすことは禁じられていたため、**埋葬作業**に関して、彼らとの交渉に苦慮したのである。唯一、藩の**御鷹頭**を務めていた**伴百悦**《ひゃくえつ》（五〇〇石）は、鷹の餌として**鳥獣**を得るため、彼らと例外的に接触があった。そこで伴を介して、交渉に入ることになった。

被差別民の頭目の**吉松**は、死体回収作業に必用な費用として、**約一〇〇〇両**を要求してきた。そこで伴らは、城下の豪商**星定右衛門**に相談すると、星はその資金全額を用意したという。総額で**三〇〇〇両**の大金が、最終的に**懐柔資金**として使われたといわれている。しかし、藩士たちは誰一人として、埋葬作業の現場に足を踏み入れることができなかったため、その作業の志願者を募ったところ、既述の伴と**武田源三**が名乗り出たのである。

二人は**武士**から、**被差別民**に身分を落としたというが、具体的な手続きは不詳である。そして、人夫たちに**金銭**を分配しながら、**死体の収容作業**にあたることになる。会津藩では、**三〇〇石**以上の藩士は**「御納戸《なんど》紐《ひも》」**といわれ、羽織の紐の色が異なる**上士**であった。ただし、両名の活動は公認ではなく、これが表沙汰になれば、二人には刑死が待っていたという。

こうした藩士たちの熱意が再び通じたのか、伴はまもなく西軍から、戦死者の**改葬方**（埋葬委員）に任命され、正式に死体の埋葬作業に従事することになった。これも三宮参謀の配慮によるものと思われる。伴は**「シャカ」**と渾名されたという。

阿弥陀寺への埋葬作業は、落城から五ヵ月後の明治二年二月下旬から開始された。まず**城中の死体**を回収し、次いで**郭内外の死体**が改葬された。雪のため作業は難航したらしい。「奉祀ノ由来」は、その状況を次のように報じている（宮崎 1991）。

如其シテ四方遠方ヨリ死屍ヲ集収スルニ戦後散乱ノ中トシテ之レヲ運搬スベキ器具モナク、或ハ菰ニ包ミテ担ヒ又ハ叺ニツメ込ミ古長持ノ破レタルニ入レ、若シクハ板戸ノ棄アルヲ拾ヒテ之レヲ用ヒ、甚ダシキニ至リテハ水風呂桶ヲサエ用ヒタリト。然レバ之ヲ其ノ儘ニ埋葬スベキニ非ラズ、且ツ之等雑多ナル器具ノママ埋メンニハ広漠タル土地ヲ要スベク、到底阿弥陀寺ノ境内ヲ以テシテハ埋メ得ベキコトモ非ザリシナリ、依テ止ムヲ得ズ境内（現・墓所）八間四方ノ地ヲ椀形ニ掘リ、（深さ数間）其ノ中ニ菰ヲ敷キ死屍ヲ運搬シ来タレル器中ヨリ取リ出デ、各人ヲ北枕ニ臥シ、其ノ上ヲマタ菰ニテ被ヒ更ニ其ノ上ニ死屍ヲ横臥セシムル様堆積セラサタルニ、固ヨリ幾千ト云フ屍ノコトナレバ、積ンデ地平ヲ抜クコト数尺ノ高サニ累々タリシモ、尚残余少ナカラザルノ有様ナレバ、其ノ残余タルヲ長命寺境内ニ埋ラルルコトトナシ、之レヲ同寺ニ埋葬シ、前者ニハ四方ヨリ土砂ヲ運搬シテ之ヲ被ヒ一大塚ヲ設ケ、此ニ大庭ノ手ニナル「殉難之霊」ト書シタル墓標ヲ建テ、附近ノ市民ニ命ジテササヤカナル拝殿ヲ建テシメ、一日ニシテ墓全ク成レリ

死体が放つ**悪臭**は強烈であったが、これを運ぶ少年に「**臭い**」というような者があれば、戦友の惨状に涙する伴は、忽ちこれを一喝したという。改葬された遺体は、**阿弥陀寺**だけで**一二八一体**（異説あり）を数えた。

ところが、ここでまた問題がおこった。達筆で知られた、会津藩士の**大庭恭平**が建てた**墓標**「**殉難之霊**」と拝殿を、西軍は即座に**撤去**するよう命じたのである。「**朝敵・賊軍**」は罪人以下であり、それに「殉難」と書かれた墓標は不適切で、まして拝殿などは以ての外である、との判断であった。したがって、「殉難之霊」は、「**弔死標**」と書き改められたという。

死体の埋葬場所となった**阿弥陀寺**は、正覚山と号し、野州円通寺（浄土宗）の末寺であった。徳川幕府が開かれた慶長八（一六〇三）年、会津藩主**蒲生氏**の治世に開かれた。阿弥陀寺の名称は、蒲生氏の故郷である、江州にあった寺院から採ったものという。もっとも、城下町を**若松**と命名し

たのも、江州日野の「若松の森」とい名所から名付けたものだという。

このように、阿弥陀寺は格式の高い寺院で、江戸初期には、一三〇余名の学僧を有する道場として栄えた。寛永年間には、城下でも希な壮観を誇った寺院であったが、二度の**火災**により、幕末には荒廃しており、**小庵**あるのみであった。

既述の資料により、この境内に回収された死体は、**北枕に臥して埋葬**され、**二つの塚**が完成した。一つは東西四間余、南北一二間、高さ四尺の壇で、その周囲には木柵を施し、頂上には松を一本植えた。他の一つは、従来の仮埋葬地から土を少しずつ集めて造った、**招魂場**である。大きさは東西二間、南北二間半、高さ七尺で、やはり柵を巡らし、既述の「弔死標」はこの上に建てられた。いずれも、明治二年二月中には完成（異説あり）しているという。これが現在の**東軍墓地**たる、「**明治戊辰戦役殉難者墓**」（約五〇坪）の起源である。

春の彼岸に先立つ明治二年三月八〜九日、阿弥陀寺で「**八宗合同大施餓鬼会**」が、西軍の命により行われた。さらに、盆前の七月五日から三日間、若松町内および各村から有志の僧侶が集まり、西軍の許可によって「**八宗大施餓鬼供養**」が営まれ、翌月には阿弥陀一寺で、西軍の若松城下侵入一年目にあたる、八月二三日に**供養**を行っている。この時には、会津藩士に広く焼香の案内を発したという。

一方の**長命寺**は、京都の東本願寺初代住持の**教如**が、慶長一〇（一六〇五）年に、蒲生氏に請うて創建したものである。**東京浅草本願寺**と同じく、**掛所（別院）**と称し、やはり格式は高かったという。

長命寺への埋葬については、既述の資料では、阿弥陀寺に埋葬しきれなかった遺体を、長命寺に埋葬したとあるが、同寺の**住職**が、**自主的に埋葬**したともいわれている。すなわち次のようにある〔会津弔霊義会 1978〕。

長命寺死者の死後五週間のものなれば、大根の腐敗したる如く水膨れとなり、衣類は褌・足袋に至るまで剥ぎ取られ、丸裸にてその惨状見るに偲びず。その年の暮長命寺の和尚、これを集め、長命寺の境内に埋葬せしと云う。明治二年の春、大改葬の時、（中略）長命寺にある百二、三十の死体を掘り起こして阿弥陀寺に合葬せんとしに、和尚大いに怒り、非常な労力を以て我境内に埋めたるものを他に移すことは我意志に反すると拒みたれば、遂に其儘となれり

阿弥陀寺の「明治戊辰戦役殉難者墓」（東軍墓地）

長命寺の東軍「戦死墓」

これによれば、死体は五週間ほど放置されていたが、それを見かねた住職により、同寺境内にいったん埋葬された。そして明治二年の春に改葬されて、同七月中には、**長命寺**にも**戦死者埋葬の壇**が完成した、ということになる。

その壇の規模は東西一間半、南北三間、高さ四尺の**三ッ築**で、幅四尺の**川**をその周囲に巡らし、外側には**土手**が築かれた。実際に埋葬された遺体の数は、**一四五体**（数十体とも）であったという。**八宗の僧侶**によって、同八月二七〜二九日の三日間、**「寸志大施餓鬼戦死供養」**が営まれた。現在は**「戦死墓」**が建立されている。

こうして、**両寺**に埋葬された**東軍戦没者の総数**は、最大で**約一五〇〇体**（一説に二〇三二体とも）ということになろうか。会津城下には、**寺院境内**に**東西両軍の墓地**が完成したのである。ただし、既述のように、**西軍戦没者**は**招魂社**に**カミ**として、**東軍戦没者**は**ホトケ**として祀られた。

改葬方となった伴らは、明治二年七月、西軍に『**戦死之墓所麁《そ》絵図**』という報告書を提出している。これによると、阿弥陀寺と長命寺の他に、**一六ヵ所**（一ノ堰光明寺・滝沢峠・金堀明神下・戸ノ口原・野際村・馬入村・関山村・大内村・塩川・猪苗代西円寺・滝沢妙国寺・赤留村北黒原・坂下・その他）で、埋葬作業が実施されたことが分かる。なかでも、城下郭門内の**興徳寺**（臨済宗、栄町）での埋葬作業も、規模が大きかったようである。

この間、同二年五月二八日、「**会津藩老一瀬要人戦死之墓**」が、若松南方の一ノ堰村**光明寺**（天台宗、門田町一ノ堰）境内に建立された。実際には「**一ノ堰の戦い**」で一瀬は重傷を負い、翌月に桑原村で没しているが、戦役後、遺体は当地に**移葬**された。戒名は「謚日大忠院殿武法執威居士」である。この戦いで、会津藩は幹部クラスの多くが死傷した。戦死した**東軍四七名**が、同寺に**合葬**されたという。

また同二年、既述の娘子軍**中野竹子**の墓である、「**小竹女史之墓**」（小竹は竹子の雅号、法号は「美性院筆鏡秀烈大姉」）が、その**首級**を埋葬した、**法界寺**（曹洞宗、河沼郡会津坂下町）境内に建立された。竹子の首級は、**妹の優子**が斬り取ろうとしたが、不首尾となり、代わって**農兵**が斬り落とし、白無垢の小袖に包んで、**薙刀**と共に同寺に届けたのである。

竹子の**墓碑**には、建立者として**越後の横井・沢田**とある。両名は味方ではなく、**西軍方**といわれているが、竹子の勇烈に感じて墓碑を建て、厚く弔ったという。これが事実であれば、西軍関係者によって建立された東軍戦没者の墓として、特筆すべきものである。

竹子は出陣に際して、「武士の猛き心にくらぶれば数にも入るらぬ我が身ながらも」、と詠んでいる。一瀬と竹子の墓は、東軍戦没者の**個人墓**としては、最も早く建立されたものと思われる。

さて、東軍の埋葬作業を終えた**町野**は、次のように述懐した〔宮崎 1991〕。

戦友ヲ思ヒ武士ノ体面ヲ重ンジ、義ニ強キ誠心誠意ヲ以テ事ニ当ラレタル一念ハ天ニ通ジ、地ヲ貫キ其進捗ココニ至リ、山野ニ晒シテ狐狸鵲鴉ノ意ヲ縦ニスルコトヲ免レタル幾千ノ忠臣ノ

「会津藩老一瀬要人戦死之墓」
（光明寺）

「小竹女史之墓」
（法界寺）

魂魄為メニ迷フ所ナク上天シテ冥セラレ、其ノ偉績ノ長ヘニ伝ハルニ至リシコト実ニ当事者諸賢ノ賜ナリ

町野らの胸中には、言葉では言い尽くせぬ万感の思いが、去来していたことであろう。生き残った会津藩士らの熱い思い・執念が、天を動かし、**戦没者の「荒魂」**は漸く**「和魂」**となり、**極楽往生**することができたと、安堵したようである。

なお、既述の**墓標「殉難之霊」**の問題に関しては、落城後の会津に圧政を強いた、越前藩士の**久保村文四郎**の関与があったとされている。そのため久保村は、後に役目を終えて**越後**に向かう途中、**越後街道**の**束松峠**《たばねまつ》（福島県耶麻郡西会津町）で、**伴・武田ら四名**により、**斬殺**されることになる。久保村の遺体には、**「代天誅之」**と書かれた**斬奸状**が置かれていたという。その後、伴ら四名は四散した。明治二年七月頃の事という。これが**「束松事件」「束松の復讐」**であった。

このうち主犯格の**伴**は、**越後**に逃れた。そして翌三年六月、新津郊外の大安寺村の**慶雲庵**（新津市秋葉区大安寺）にて、**越後村松藩**（外様三万石、城址は新潟県五泉市）の捕吏に包囲され、**自刃**している。四二歳であった。村人は伴の孤忠を憐れみ、**塩三俵**で**遺体**を包み、寺域に葬って**小石**を積んで墓標にしたという。

「伴　百悦墓」
（慶雲庵）

五　エピローグ

東北地方は**戊辰戦役**後、明治新政府によって、**「天皇の軍隊」**に歯向かった**「朝敵・賊軍」**の本**拠地**とされ、**「白河以北　一山百文《ひとやまひゃくもん》」**と蔑まれることになった。ここでは「プロローグ」で言及した、野口（2017）の見解に立ち戻ってみよう。

既述のように、同書によれば、会津落城後の、西軍による東軍戦没者への**「埋葬禁止令」**は、**虚構**であったという。つまり落城後の翌一〇月には、西軍から**「埋葬許可」**が通達され、**東軍戦没者五六〇余名**が**埋葬**されていた、という。ちなみに、鶴ヶ城攻防戦での東軍戦没者は、**三〇〇〇名**といわれている。

野口によれば、**一〇月三日**から**埋葬作業**が開始されたという。したがって、既述の明治元年**「一〇月二日　民政局死体埋葬に関する命令書を出す」**、という記述が、もし、東軍戦没者への「埋葬許可」であったとすれば、時間的な整合性は、説明がつくことになる。そうであるならば、従来の**定説**は**修正**されることになるだろう。

これについて、阿部隆一（歴史春秋社）は、今のところこの「命令書」は現存しておらず、西軍民政局が置かれた**融通寺**に、**一文面**が布告された、と口伝されているのみだという。この布告文書の内容は、現在も依然として、不詳のままである。

もし仮に、東軍戦没者の一部が埋葬されていたとしても、その範囲・規模は、どの程度のものであったのか。同書には地図も掲載されているが、**城下市街**（郭内・郭外）での埋葬作業が中心であったと推測されよう。とくに町内に死体が散乱していれば、一般的に、人々の日常生活に支障を来すことにもなろう。

ただし、**長命寺**での事例では、境内に**「死後五週間」**ほど、つまり死後一ヵ月以上経過しても、手つかずの遺体が**散乱**していたという。同寺は激戦地であったから、西軍から、何らかの規制が掛かっていた可能性がある。そして、同年（明治元年）末に、その惨状を見かねた同寺**住職**は、自らの判断で埋葬を実施したという。

一方、**郊外**や**山野**などでは、「西軍の方針」とは無関係に、**飯盛山の白虎隊士**の事例のように、その惨状に涙した地元の**農民**らによって、「自主的な埋葬」が行われていた可能性は大きい。とりわけ、西軍の埋葬禁止命令にもかかわらず、**母成峠での東軍の埋葬**事例は、その典型であった。

こうした点を鑑みると、筆者がとくに気になるのは、入用帳のなかに見られる、いくつかの**「葬済」**という記述であった。例えば、「三人　四谷口長福寺へ葬済」「拾七人　上強清水村東脇供養塚之下三ヶ所へ葬済」、などとある。

つまり、すでに**「埋葬済み」**という意味であろうが、これが「西軍の指示」による作業で「葬済」になったのか、それとも、長命寺や**妙国寺**（白虎隊士）での埋葬のように、「人々の私的な判断」

により「葬済」になったのかで、内容は全く異なるからである。

筆者は、人々による自主的な埋葬作業に注目するのであるが、埋葬禁止を否定する資料・根拠のなかに、西軍が直接関与していない「葬済」があるとすれば、これを西軍の埋葬許可の根拠として挙げることは、正確性に欠けることになる。ここにいう「葬済」とは、何を意味するものなのか、今後検証される必要があろう。

例えば、筆者の聞き取りによれば、東軍**長岡藩士**の場合は、**出陣**の際に、自分の**衣類**に**金銭**を縫い付けたという。それは、もし自分が戦没した時に、**「埋葬手数料」**として、作業をした人に受け取ってもらうためであったという。**農民**らはこれを知っていて、遺体を埋葬した後に、金銭を頂戴していった、と伝えられている。この場合は、単なるボランティア作業ではなかった。

このように、実際には金銭目当ての、「自主的な埋葬」の事例もあったのである。つまり、**埋葬作業**というものは、単純なものではなく、それを巡っては、様々な事例が考えられることに、留意する必要があるだろう。今後の検討課題である。

ところで、**西軍戦没者**を**カミ**として祀る、融通寺の**大町招魂社**は、明治四年七月の**廃藩置県**により、**若松県**の管理下に入ったが、九年八月には、若松県が**福島県**に併合された。そして、**西南戦役**後の一二年一〇月、**県庁福島**に、**官祭信夫山**《しのぶやま》**招魂社**（後の**官祭福島招魂社**）が創建され、大町招魂社の祭神も、この信夫山に**合祀**された。同時に、福島県下の**相馬・三春の両招魂社**の祭神（西軍戦没者）も、同様に合祀されたという。これが、現在の**福島県護国神社**（福島市駒山、祭神数は

六万八五一二柱）の起源である。

全国の西軍戦没者は、すでに**東京招魂社**に合祀されていたが、既述のように、同社が**靖国神社**と改称するのは、一二年六月であった。福島県下の西軍戦没者も、**県レベル**で正式に、ホトケではなく、**カミ**として祀られたことになる。これにより、融通寺の大町招魂社殿は、**撤去**されたという。現在でも、社殿はなく、**墓碑**が残るのみである。

官軍の上州館林藩兵は、東北各地を**転戦**したが、戊辰戦役後の明治二年六月、**論功行賞**により、同藩には**一万石の賞典禄**が下賜された。これを原資として、同藩では、軍功者への賞金や戦没者慰霊等の資金に充てた。

表4は「**館林藩の戊辰役殉国者墳墓一覧**」である。戊辰戦役で同藩は、**四〇名以上**の戦没者を出したとされているが、そのうち、最年少者は一七歳の藩士たる、**戸谷戸助**であった。戸谷は慶応四年五月一三日、武州千住駅で「**遇賊戦死**」とされている。援軍要請の使者として、江戸からの帰途、東軍によって斬殺されたという。

こうした同藩戦没者のうち、「**戦死者**」**三九名**のみを**カミ**として祀るために、同藩は明治二年九月二三日、大谷原の**大隊調練場**（館林市近藤町）に、**私祭の招魂祠**を竣工している。いわゆる**館林招魂祠**（遺骨なし、後の**邑楽《おうら》護国神社**）である。その社地は三反六畝一二歩で、既述の賞典禄から出された建設費は、金二六六両余であった。同地には、三九名の「**戦死者碑**」と「**招魂合祭之碑**」も建立された。

表4　館林藩の戊辰役殉国者墳墓一覧

墳墓地名	現住所	埋葬者・人数等	備　考
結城・泰平寺 （官修墓地、官軍墓地）	茨城県結城市	歩卒隊長石川喜四郎（34歳）・藩士進藤常吉（22歳）以下４名（２名とも）	**本文参照**
天童・蔵増	山形県天童市蔵増	郷夫３（現地徴用の郷夫・人夫？）名	慶応四年閏４月４日の**「羽州蔵増村の戦い」**で大砲長梶塚勇之進・郷夫らが戦死。同地には梶塚の慰霊碑あり。また梶塚の墓は下記の浄土院（山形市）にある。
山形・浄土院	山形市漆山	漆山陣屋詰の大砲長梶塚勇之進（46歳）・藩士森谷留八郎（29歳）の２名	森谷は明治元年秋に奥州二本松領で**「横死」**とある
結城・光福寺	茨城県結城市結城	上記の石川隊長１名	
小山・竜昌寺	栃木県小山市泉崎	上記の進藤常吉１名	
館林・法輪寺 （官修墓地）	**館林市朝日町**	上記の**石川隊長**・藩士**戸谷戸助**（17歳）の**２名**	戸谷は武州千住駅で**「遇賊戦死」**とある。同寺には**小栗上野介の首級**も一時埋葬される
館林・円教寺	同　上	上記の藩士進藤常吉１名	
館林・大道寺 （官修墓地）	館林市本町	郷夫または又者の富塚忠三郎（館林肴町出身）１名	富塚は明治元年秋に奥州二本松領で**「横死」**とある
白河・長寿院西軍墓地 （慶応戊辰殉国者墳墓、官修墓地、官軍墓地）	福島県白河市本町北裏	７名（12名とも）	**本文参照**
三春・龍穏院 （官修墓地、官軍墓地）	**福島県三春市**	**藩士２名**	藩士本木弥三郎（18歳）は明治元年９月５日に会津若松城下で負傷し、三春城病院に運ばれるが翌月没。**向州佐土原藩士**の墓もあり
本宮・誓伝寺	福島県本宮市	藩士３名、郷夫３名（上記の龍穏院と重複とも）	慶応４年７月28日の**「本宮宿の戦い」**に参加
相馬・慶徳禅寺 （官修墓地、官軍墓地）	**福島県相馬市**	徒士隊長青木三右衛門（42歳）以下**藩士８名**	明治元年９月10日の**「奥州旗巻嶺の戦い」**で東軍仙台藩兵と交戦。藩士**田山鍋十郎**（子息は**田山花袋**）も参加。同15日には仙台藩が降伏
会津西軍墓地 （若松大町墳墓地、官修墓地、官軍墓地）	会津若松市大町	藩士２名	現在は**東明寺西軍墓地**。**本文参照**

※「表１　館林藩兵埋葬地一覧」〔今井 2021a〕および現地調査による

戸谷戸助の墓（右は「戸谷家之墓」）
（館林・法輪寺）

石川隊長の墓
（館林・法輪寺）

三春・龍穏院の官軍墓地

相馬・慶徳禅寺の館林藩墓碑

邑楽護国神社
（館林市代官町）

39 名の「戦死者碑」
（邑楽護国神社）

既述のように、東京招魂社（靖国神社）の創建は、二年六月であったから、館林招魂祠は同社の創建に依拠したもので、とくに秋九月の例大祭を意識したものであろう。東京招魂社の**地方分社（末社）**が、**上州**に初めて誕生したことになる。そして毎年、春秋二度の大祭と、毎月の小祭が執行されたが、その**祭典料**も賞典米に依存した。

「招魂合祭之碑」
（邑楽護国神社）

ただし、**「戦病死者」**等は、基本的には、**祭神**から**除外**されたと思われる。つまり、負傷して館林に帰郷後、死去した藩兵は祀られていない。この**合祀基準**も、東京招魂社に倣ったものであろう。あくまでも、戦場での「戦死」でなければならなかったのである。

廃藩置県後の明治八年五月、**館林招魂祠**は**官祭館林招魂社**と改称され、県より祭典料が、春秋の二回下賜された。そして旧城下町は、九年八月に**栃木県**から**群馬県**（以下、本県とする）に編入され、一一年一二月、群馬県邑楽郡館林町（館林市）となった。同社は現在、館林市代官町に移転し、**邑楽《おうら》護国神社**となっている。

この間、九州で**西南戦役**が勃発（明治一〇年一月）した。本県出身の官軍戦没者は**一三〇名**であった。こ

厩橋護国神社
（前橋市大手町）

のうち、一名を除いた**一二九名**を祀るため、前橋城址の**東照宮**（前橋市大手町）境内に、明治一〇年一一月二四日（異説あり）、私祭の**厩橋《うまやばし》招魂祠**（遺骨なし、後の**厩橋招魂社**）が建立される。凱旋者・遺族関係者らによる建立であるが、一名除外の理由は不詳である。これが、後の「**前橋の靖国**」たる、現在の**厩橋護国神社**（祭神数は**二三〇〇余柱**）であった。同社は、全国的な「**靖国ピラミッド**」に組み入れられた。

邑楽郡では、西南役の官軍出征者のなかで、戦没者は**二〇名**であった。このうち、**旧館林藩士は九名**で、このなかには、熊本で戦死した**田山鋿《しょう》十郎**がいた。後に小説家となる、**田山花袋**の父である。そして翌明治一一年四月、同社境内には、この九名の「**西南役戦死碑**」（遺骨なし）が建立された。

この九名は、同社の祭神になったと推測されるが、他の**平民出身戦没者一一名**は、除外されたのであろう。ここでも**合祀対象者**を**区別**している。つまり士族と平民は、**差別**されたのである。一一名のための「**拾弍士招魂碑**」（遺骨なし）が建立されるのは、一〇年後の、二一年一一月のことであっ

「拾弐士招魂碑」
（邑楽護国神社）

「西南役戦死碑」
（邑楽護国神社）

た。ただし、この一一名が合祀されたかどうかは、不詳である。

このように、**内戦**における**旧藩士戦没者**、つまり**戊辰戦役**と**西南戦役**の両戦没者が、同社の**祭神**の中核になった。そして後に同社は、さらに**対外戦争戦没者**を取り込んでいき、**「邑楽・館林の靖国」**たる、既述の邑楽護国神社となった。現在の同社の祭神数は、**三三〇〇余柱**に膨れ上がり、同社境内には、対外戦争の**「明治二十七八年戦役（日清戦役）紀念碑」**、**「日露戦役紀念碑」**、砲弾の形をした**「彰忠碑」**、そして**「英霊塔」**（納骨施設あり）などが確認できる。

本県における**「軍都」**は、歩兵連隊が設置された**高崎**であった。邑楽護国神社は、「前橋の靖国」と同様に、高崎観音山麓の**群馬県護国神社**（創建は昭和一六年一一月、祭神数は**四万七二〇〇余柱**、高崎市乗附町）を頂点とする、本県の**「靖国ピラミッド」**に編入された。そして、さらに靖国神社を頂点とする、全国の「靖国ピラミッド」に組み入れられた。こうして近代日本において、**国事殉難戦没者**は**重層的に祀られる**ことになる。

「明治二十七八年戦役紀念碑」
（邑楽護国神社）

「日露戦役紀念碑」
（邑楽護国神社）

「彰忠碑」
（邑楽護国神社）

「英霊塔」
（邑楽護国神社）

群馬県護国神社
（高崎市乗附町）

〔参考文献〕

会津史学会編、2009『新訂　会津歴史年表』歴史春秋社。

会津弔霊義会編、1978『戊辰殉難追悼録』会津弔霊義会。

会津武家屋敷、「あヽ白虎隊・十九烈士木版画集（絵葉書）」会津武家屋敷（発行年月日不詳）。

青木更吉、1991『物語　二本松少年隊』新人物往来社。

赤澤史朗、2015『戦没者合祀と靖国神社』吉川弘文館。

朝尾直弘他編、2005『角川　新版　日本史辞典』角川書店。

朝日新聞、1996「自分と出会う　森岡清美（社会学者）」（九月一七日付、夕刊）。

朝日新聞、2001「靖国と慰霊　森岡清美さんと　読者が考える」（八月六日付、夕刊）。

朝日新聞、2009「ニッポン人・脈・記　お殿様は　いま1」（九月一五日付、夕刊）。

朝日新聞、2015「近づく靖国と自衛官」（二月一八日付、西本　秀）。

朝日新聞、2021「現場へ！　神道界の内情　見えてきた　神社本庁を考える1」（四月一二日、夕刊、藤生　明）。

朝日新聞、2021「現場へ！　紀元節復活　巻き返し始まる　神社本庁を考える2」（四月一三日、夕刊、藤生　明）。

朝日新聞、2022「現場へ！　浮沈する思想　本質探りに　水戸学の道1」（八月二二日付、夕刊、

藤生　明）。

朝日新聞、2022「現場へ！　戦前　世情不安の中ブーム　水戸学の道2」（八月二三日付、夕刊、藤生　明）。

足利市史編さん委員会編、1977『近代　足利市史　第一巻通史編』足利市。

阿部隆一編、2014『季刊　会津人群像〔特集〕小栗上野介と会津』二六号、歴史春秋社
阿部隆一編、2014『季刊　会津人群像〔特集〕白虎隊の真実』二七号、歴史春秋社。

阿部隆一編、2014『季刊　会津人群像〔特集〕「官軍」という名のテロリスト』二八号、歴史春秋社。

阿部隆一編、2018『季刊　会津人群像〔特集〕真実はこうだ～会津人が語る戊辰戦争～』三六号、歴史春秋社。

新井勝紘・一ノ瀬俊也編、2003『国立歴史民俗博物館研究報告―慰霊と墓―』一〇二集、国立歴史民俗博物館（歴博）。

粟津賢太、2017『記憶と追悼の宗教社会学―戦死者祭祀の成立と変容―』北海道大学出版会。

粟津賢太、2019「文献紹介　今井昭彦による慰霊研究三部作について」『戦争社会学研究3―宗教からみる戦争―』戦争社会学研究会。

粟津賢太、2021「書評と紹介　今井昭彦著『近代群馬と戦没者慰霊』」『宗教研究』四〇一号、日本宗教学会。

粟津賢太、2022「なぜ私たちは黙禱するのか？─近代日本における黙禱儀礼の成立と変容─」西村編『シリーズ戦争と社会　5』岩波書店。

飯盛正日編者、1997『白虎隊精神秘話』山主飯盛本店。

井ヶ田良治・原田久美子編、1993『京都府の百年』山川出版社。

井坂優斗、2021「書評　今井昭彦著『近代群馬と戦没者慰霊』」『群馬歴史民俗』四二号、群馬歴史民俗研究会。

石原征明、2003『群馬の昭和史（上）』みやま文庫。

磯岡哲也、1999『宗教的信念体系の伝播と変容』学文社。

磯岡哲也・弓山達也、2016「近代化と日本の宗教」井上編『宗教社会学を学ぶ人のために』世界思想社。

板橋春夫、2007『誕生と死の民俗』吉川弘文館。

板橋春夫、2022『産屋の民俗』岩田書院。

市川光一・村上泰賢、1994『幕末開明の人　小栗上野介』宗教法人曹洞宗東善寺。

一坂太郎、2004『幕末歴史散歩　東京篇』中公新書。

伊藤純郎、2021『満蒙開拓青少年義勇軍物語─「鍬の戦士」の素顔─』信濃毎日新聞社。

伊藤純郎編、2008『フィールドワーク　茨城県の戦争遺跡』平和文化。

伊藤智永、2009『奇をてらわず─陸軍省高級副官美山要蔵の昭和─』講談社。

伊藤智永、2016『靖国と千鳥ヶ淵―A級戦犯合祀の黒幕にされた男―』講談社。

伊藤智永、2016『忘却された支配―日本のなかの植民地朝鮮―』岩波書店。

伊藤智永、2019『「平成の天皇」論』講談社現代新書。

茨城県歴史散歩研究会編、1985『新版　茨城県の歴史散歩』山川出版社。

今井昭彦、1987「群馬県下における戦没者慰霊の展開」『常民文化』一〇号、成城大学大学院日本常民文化専攻院生会議。

今井昭彦、2002「幕末における会津藩士の殉難とその埋葬―会津戦争を事例として―」歴博監修『人類にとって戦いとは5　イデオロギーの文化装置』東洋書林。

今井昭彦、2004「国家が祀らなかった戦死者―白虎隊士の事例から―」国際宗教研究所編『新しい追悼施設は必要か』ぺりかん社。

今井昭彦、2005『近代日本と戦死者祭祀』東洋書林。

今井昭彦、2010「近代日本における『賊軍』戦死者の祭祀―会津戊辰戦役を事例として―」國學院大学研究開発推進センター編『霊魂・慰霊・顕彰―死者への記憶装置―』錦正社。

今井昭彦、2011「忠霊塔と戦死者祭祀」『季刊　考古学　特集・戦争と慰霊の考古学』一一六号、雄山閣。

今井昭彦、2013『反政府軍戦没者の慰霊』御茶の水書房。

今井昭彦、2014「近代会津の復権と戦没者慰霊」『季刊　会津人群像』二八号、歴史春秋社。

今井昭彦、2015「人神信仰と戦没者慰霊の成立」島薗他編『シリーズ日本人と宗教3　生と死』春秋社。

今井昭彦、2015「戦没者慰霊の現状と課題―群馬県の事例をもとに―」『群馬文化』三二三号、群馬県地域文化研究協議会。

今井昭彦、2017「軍都高崎と戦没者慰霊」群馬県立女子大学編『群馬学リサーチフェロー論集　群馬学の確立にむけて　別巻1』上毛新聞社。

今井昭彦、2018『対外戦争戦没者の慰霊』御茶の水書房。

今井昭彦、2020『近代群馬と戦没者慰霊』御茶の水書房。

今井昭彦、2021a『近代日本と高崎陸軍埋葬地』御茶の水書房。

今井昭彦、2021b『「北鎮都市」札幌と戦没者慰霊』御茶の水書房。

今井昭彦、2023『幕末維新期と国事殉難戦没者―江戸・水戸・上信越・京都などの事例から―』御茶の水書房。

今井昭彦、2023「書評とリプライ　黒田賢治著『戦争の記憶と国家―帰還兵が見た殉教と忘却の現代イラン―』」『宗教と社会』二九号、「宗教と社会」学会。

岩波書店編集部篇、1991『近代日本総合年表　第三版』岩波書店。

岩根承成、2004『群馬事件の構造―上毛の自由民権運動―』上毛新聞社。

岩根承成編著、2008『群馬と戦争―古代～近代の群馬と民衆―』みやま文庫。

『ウィキペディア』（ネット検索）、「竹内啓」。

丑木幸男、2008『群馬県兵士のみた日露戦争』みやま文庫。

丑木幸男、2019「新刊紹介　今井昭彦著『対外戦争戦没者の慰霊―敗戦までの展開―』」『群馬文化』

三三五号、群馬県地域文化研究協議会。

内田　満、2007「秩父困民党と武器（得物）」森田武教授退官記念会編『近世・近代日本社会の展
開と社会諸科学の現在』新泉社。

内田　満、2017『一揆の作法と竹槍席旗』埼玉新聞社。

内田　満、2023「『咬菜秘録』・『酊醒録』、埼玉にあり（上）」『大塩研究』八八号、大塩事件研究会。

宇都宮市史編さん委員会編、1982『宇都宮市史　近世通史編』宇都宮市。

遠藤由起子、2008『近代開拓村と神社―旧会津藩士及び屯田兵の帰属意識の変遷―』御茶の水書房。

大江志乃夫、1984『靖国神社』岩波新書。

太田市編、1992『太田市史　通史編　近世』太田市。

大谷栄一、2002『近代日本の日蓮主義運動』法藏館。

大谷栄一、2019『日蓮主義とはなんだったのか―近代日本の思想水脈―』講談社。

大谷栄一、2020『近代仏教というメディア―出版と社会活動―』ぺりかん社。

大谷栄一他編、2018『日本宗教史のキーワード―近代主義を超えて―』慶應義塾大学出版会。

大谷栄一他編、2023『近代仏教スタディーズ―仏教からみたもうひとつの近代―』法藏館。

大原康男、1984『忠魂碑の研究』暁書房。

小川直之、1996『歴史民俗論ノート』岩田書院。

小田康徳、2022『軍隊と戦争の記憶—旧大阪真田山陸軍墓地、保存への道—』阿吽社。

小田康徳編著、2019『旧真田山陸軍墓地、墓標との対話—』阿吽社。

小田康徳・横山篤夫他編著、2006『陸軍墓地がかたる日本の戦争』ミネルヴァ書房。

落合延孝、1996『猫絵の殿様—領主のフォークロア—』吉川弘文館。

落合延孝、2002『日本史リブレット49　八州廻りと博徒』山川出版社。

落合延孝、2006『幕末民衆の情報社会—風説留が語るもの—』有志舎。

落合延孝、2015『幕末維新を生きた人々』みやま文庫。

落合延孝、2020「新刊紹介　今井昭彦著『近代群馬と戦没者慰霊』」『群馬文化』三四一号、群馬県地域文化研究協議会。

籠谷次郎、1994『近代日本における教育と国家の思想』阿吽社。

笠原一男・安田元久編、1972『日本史小年表』山川出版社。

川又俊則、2002『ライフヒストリー研究の基礎』創風社。

川村邦光、1996『民俗空間の近代—若者・戦争・災厄・他界のフォークロア—』情況出版。

川村邦光、2007『越境する近代　聖戦のイコノグラフィ—天皇と兵士・戦死者の図像・表象—』青弓社。

官祭館林招魂社七十年祭協賛会編、1937『官祭館林招魂社七十年祭顛末報告書』官祭館林招魂社七十年祭協賛会。

菊地　明・伊東成郎編、1998a『戊辰戦争全史　上』新人物往来社。

菊地　明・伊東成郎編、1998b『戊辰戦争全史　下』新人物往来社。

菊地　実、2015『近代日本の戦争遺跡研究―地域史研究の新視点―』雄山閣。

熊谷苑子、2021『有賀喜左衛門』東信堂。

熊倉浩靖、2016『上毛三碑を読む』雄山閣。

隈元正樹、2010「近現代の仏教における慰霊と顕彰―聖将山東郷寺の創建と展開を事例として―」『近代仏教』一七号、日本近代仏教史研究会。

隈元正樹、2013「現代日本のモノ供養―新聞報道による鳥瞰と大学生意識調査から―」『中央学術研究所紀要』四二号、中央学術研究所。

栗田尚弥、2020『キャンプ座間と相模総合補給廠』有隣新書。

群馬県高等学校教育研究会歴史部会編、1990『新版　群馬県の歴史散歩』山川出版社。

群馬県史編さん委員会編、1992『群馬県史　通史編10　年表・索引』群馬県。

群馬県東部県民局東部行政事務所編、2013『徳川発祥の地　太平記の里　おおた歴史めぐり』同行政事務所。

群馬地域文化振興会編、2003『新世紀　ぐんま郷土史辞典』群馬県文化事業振興会。

孝本　貢、2001『現代日本における先祖祭祀』御茶の水書房。

國學院大学研究開発推進センター編、2008『慰霊と顕彰の間―近現代日本の戦死者観をめぐって―』錦正社。

國學院大学研究開発推進センター編、2010『霊魂・慰霊・顕彰―死者への記憶装置―』錦正社。

國學院大学研究開発推進センター編、2013『招魂と慰霊の系譜―「靖國」の思想を問う―』錦正社。

國學院大学日本文化研究所編、1994『神道事典』弘文堂。

国際宗教研究所編（井上順孝・島薗進監修）、2004『新しい追悼施設は必要か』ぺりかん社。

国立歴史民俗博物館監修（福井勝義・新谷尚紀編）、2002『人類にとって戦いとは5　イデオロギーの文化装置』東洋書林。

小島一男、1993『会津人物事典（武人編）』歴史春秋社。

小嶋博巳、2022『六十六部日本廻国の研究』法藏館。

小林清治責任編集、1989『図説　福島県の歴史』河出書房新社。

埼玉県神道青年会編、2017『埼玉県の忠魂碑』埼玉新聞社。

坂井久能編著、2006『名誉の戦死―陸軍上等兵黒川梅吉の戦死資料―』岩田書院。

桜井　厚・『語りの地平』編集委員会編、2021『語りの地平―ライフストーリー研究―』六号、日本ライフストーリー研究所。

櫻井義秀・川又俊則編、2016『人口減少社会と寺院―ソーシャル・キャピタルの視点から―』法藏館。

佐々木克、1977『戊辰戦争―敗者の明治維新―』中公新書。

佐藤孝之、2019『近世駆込寺と紛争解決』吉川弘文館。

佐藤雅也、2013「誰が戦死者を祀るのか―戊辰戦争・西南戦争・対外戦争（戦闘）戦死者供養と祭祀」鈴木・田中編『講座　東北の歴史　六　生と死』清文堂。

佐藤雅也、2017「近代仙台の慰霊と招魂(2)―誰が戦死者を祀るのか―」仙台市歴史民俗資料館編『足元からみる民俗25　調査報告第35集』仙台市教育委員会。

佐藤雅也、2022『近代民衆の生業と祀り―労働・生活・地域祭祀の民俗変容―』有志舎。

佐野市史編さん委員会編、1978『佐野市史　通史編　上巻』佐野市。

佐野市史編さん委員会編、1979『佐野市史　通史編　下巻』佐野市。

佐野賢治・谷口　貢他編、1996『現代民俗学入門』吉川弘文館。

後田多敦、2019『救国と真世―琉球・沖縄・海邦の志史―』琉球館。

塩入亮乗、2019「日本人と観音菩薩」大法輪閣編集部編『人気の仏様たち　徹底ガイド　阿弥陀・薬師・観音・不動』大法輪閣。

島薗　進、2010『国家神道』岩波新書。

島薗　進、2021『戦後日本と国家神道―天皇崇拝をめぐる宗教と政治―』岩波書店。

島薗　進・林　淳他編、2015『シリーズ日本人と宗教３　生と死』春秋社。

上毛新聞、2021「高崎陸軍墓地の歴史的背景紹介　歴史家・今井さん出版」（四月三日付、時田菜月）。

上毛新聞、2022「悲惨な戦争　二度と　戦没者の研究　今井さん6作目」（一月二三日付、時田菜月）。

上毛新聞、2023「幕末維新の戦没者　扱いや埋葬を開設　今井さん7作目出版」（三月二一日付、時田菜月）。

白井永二・土岐真訓編、1997『神社辞典』東京堂出版。

白川哲夫、2015『「戦没者慰霊」と近代日本―殉難者と護国神社の成立史―』勉誠出版。

白川哲夫、2021「書評と紹介　今井昭彦著『近代群馬と戦没者慰霊』」『日本歴史』八七五号、吉川弘文館。

新宗教新聞、2023「新刊紹介　「北鎮都市」札幌と戦没者慰霊―護国神社の成立まで―　今井昭彦著」。

新人物往来社編、2000『幕末維新江戸東京史跡事典』新人物往来社。

新人物往来社編、2009『幕末維新最後の藩主二八五人』新人物往来社。

新谷尚紀、2009『お葬式―死と慰霊の日本史―』吉川弘文館。

新谷尚紀、2015『葬式は誰がするのか―葬儀の変遷史―』吉川弘文館。

新谷尚紀、2021『神社とは何か』講談社現代新書。

新谷尚紀・関沢まゆみ編、2005『民俗小事典　死と葬送』吉川弘文館。

新潮社辞典編集部編、1991『新潮日本人名事典』新潮社。

菅野　与編、2004『奥州二本松藩年表』歴史春秋社。

鈴木岩弓・田中則和編、2013『講座　東北の歴史　六　生と死』清文堂。

鈴木茂乃夫、1989『増補版　天狗党の跡を行く』暁印書院。

関塚　誠、2023「田山花袋『百日紅』注釈（一）―群馬県太田と実兄弥登（その一）」『田山花袋記念文学館研究紀要』三四号、館林市教育委員会。

薗田　稔・橋本征宣編、2004『神道史大辞典』吉川弘文館。

高石史人編、1990『「靖国」問題関連年表』永田文昌堂。

高木　侃、2017『写真で読む三くだり半』日本経済評論社。

高木博志、2006『近代天皇制と古都』岩波書店。

高木博志編、2013『近代日本の歴史都市―古都と城下町―』思文閣出版。

高野信治、2022『神になった武士―平将門から西郷隆盛まで―』吉川弘文館。

高野信治、2023『藩領社会と武士意識』思文閣出版。

高橋哲哉、2005『靖国問題』ちくま新書。

竹内　誠編、2003『徳川幕府事典』東京堂出版。

橘　尚彦、2011「京都忠霊塔と霊山観音―東山・霊山山麓における戦死者祭祀をめぐって―」『京都民俗』二八号、京都民俗学会。

館林市教育委員会文化振興課編、2018『館林市立資料館・明治一五〇年記念特別展「激動の時代を生き抜いた人々～館林の明治維新～」』館林市教育委員会文化振興課。

館林市史編さん委員会編、2016『館林市史　通史編2　近世館林の歴史』館林市。

館林市誌編集委員会編、1967『館林市誌　歴史編』館林市役所。

田中　彰、1980『明治維新の敗者と勝者』ＮＨＫブックス。

谷口眞子、2013『赤穂浪士と吉良邸討入り』吉川弘文館。

谷口眞子、2022『葉隠〈武士道〉の史的研究』吉川弘文館。

田間泰子、2006『「近代家族」とボディ・ポリティクス』世界思想社。

堤マサエ、2009『日本農村家族の持続と変動』学文社。

土居　浩、2021「書誌紹介　今井昭彦著『近代日本と高崎陸軍埋葬地』」『日本民俗学』三〇七号、日本民俗学会。

東京学芸大学日本史研究室編、2007『日本史年表（増補4版）』東京堂出版。

時枝　務、2010「招魂碑をめぐる時空―群馬県高崎市頼政神社境内の招魂碑の場合―」『國學院大学研究開発推進センター編　研究紀要』四号、國學院大学研究開発推進センター。

時枝　務、2018『山岳霊場の考古学的研究』雄山閣。

栃木県の歴史散歩編集委員会編、1991『新版　栃木県の歴史散歩』山川出版社。

栃木市史編さん委員会編、1981『栃木市史　史料編・近現代Ⅰ』栃木市。

栃木市史編さん委員会編、1986『栃木市史　史料編・近世』栃木市。

栃木市史編さん委員会編、1988『栃木市史　通史編』栃木市。

戸部良一、1998『日本の近代9　逆説の軍隊』中央公論新社。

中島三千男、2002「『靖国問題』に見る戦争の『記憶』」『歴史学研究　増刊号』青木書店。

中島三千男、2013『海外神社跡地の景観変容―さまざまな現在―』御茶の水書房。

中島三千男、2019『天皇の「代替わり儀式」と憲法』日本機関紙出版センター。

永島政彦、2020「新刊紹介　今井昭彦著『近代群馬と戦没者慰霊』」『武尊通信』一六四号、群馬歴史民俗研究会。

永島政彦、2022「『記録』と『日記』にみる昭和期の養蚕農家」『群馬歴史民俗』四三号、群馬歴史民俗研究会。

中村彰彦、2001『白虎隊』文春新書。

中村昌道編、1978『明治戊辰戦役西軍墳墓志』会津戊辰戦役西軍墳墓史跡保存会。

中山　郁、2022「死者と生者を結びつける人々―パプアニューギニアにおける戦地慰霊と旅行業者―」西村編『シリーズ戦争と社会　5』岩波書店。

楢崎修一郎、2018『骨が語る兵士の最期』筑摩選書。

新潟県の歴史散歩編集委員会編、1995『新版　新潟県の歴史散歩』山川出版社。

新潟県の歴史散歩編集委員会編、2009『新潟県の歴史散歩』山川出版社。

二木謙一監修、2004『国別　藩と城下町の事典』東京堂出版。

西垣晴次編、1989『図説　群馬の歴史』河出書房新社。

西村　明、2006『戦後日本と戦死者慰霊―シズメとフルイのダイナミズム―』有志舎。

西村　明、2018「慰霊」大谷他編著『日本宗教史のキーワード』慶應義塾大学出版会。

西村　明編、2022『シリーズ戦争と社会　5　変容する記憶と追悼』岩波書店。

西山　茂、2016『近現代日本の法華運動』春秋社。

野口信一、2017『会津戊辰戦死者埋葬の虚と実―戊辰殉難者祭祀の歴史―』歴史春秋社。

秦　郁彦、2020『靖国神社の祭神たち』新潮撰書。

早川喜代次、1976『史実会津白虎隊』新人物往来社。

早川喜代次・宮崎長八、1983『写真で見る会津戦争』新人物往来社。

林　英夫編、2000『土佐藩戊辰戦争資料集成』高知市民図書館。

早瀬晋三、2022『すれ違う歴史認識―戦争で歪められた歴史を糺す試み―』人文書院。

原田敬一、2001『国民軍の神話―兵士になるということ―』吉川弘文館。

原田敬一、2003「陸海軍墓地制度史」新井・一ノ瀬編『国立歴史民俗博物館研究報告』一〇二集、国立歴史民俗博物館。

原田敬一、2013『兵士はどこへ行った―軍用墓地と国民国家―』有志舎。

原田敬一、2015『戦争の終わらせ方』新日本出版社。

原田敬一、2020『日清戦争論―日本近代を考える足場―』森の泉社。

原田　弘、2004『会津小鉄と新選組』歴史春秋社。

原　剛・安岡昭男編、1997『日本陸海軍事典』新人物往来社。

原　武史・吉田　裕編、2005『岩波天皇・皇室辞典』岩波書店。

樋口雄彦、2012『敗者の日本史　箱館戦争と榎本武揚』吉川弘文館。

檜山幸夫編著、2011『帝国日本の展開と台湾』創泉堂出版。

平尾道雄、1978『戊辰戦争』新人物往来社。

福島県高等学校社会科研究会編、1990『新版　福島県の歴史散歩』山川出版社。

福島県高等学校地理歴史・公民科（社会科研）究会編、2007『福島県の歴史散歩』山川出版社。

福島県白河市編、2006『白河市史　第二巻　通史編2　近世』福島県白河市。

福田博美、1997「群馬県における忠霊塔建設と市町村」『群馬文化』二五二号、群馬県地域文化研究協議会。

福田博美、2022「新刊紹介　今井昭彦著『近代日本と高崎陸軍埋葬地』」『群馬文化』三四五号、群馬県地域文化研究協議会。

藤井正希、2020『憲法口話』成文堂。

藤崎宏子・池岡義孝編、2017『現代日本の家族社会学を問う―多様化のなかの対話―』ミネルヴァ書房。

藤田大誠、2010「戦死者の霊魂をめぐる慰霊・追悼・顕彰と神仏両式―明治期における招魂祭の展開を中心に―」國學院大学研究開発推進センター編『霊魂・慰霊・顕彰』錦正社。

藤田大誠、2017「靖國神社の祭神合祀に関する一考察―人霊祭祀の展開と『賊軍』合祀問題を軸として―」『國學院大学研究開発推進センター　研究紀要』一一号、國學院大学研究開発推進センター。

藤田大誠編、2019『国家神道と国体論―宗教とナショナリズムの学際的研究―』弘文堂。

藤生一政編著、2022『強戸村の兵事史料』藤生一政。

古田紹欽他監修、1988『佛教大事典』小学館。

保科智治、1997「『箱館戦争関係墓碑』調査について」『市立箱館博物館　研究紀要』七号、市立箱館博物館。

保科智治、1999「戊辰戦争にみる戦争協力」『特別展示図録　一九九九特別展「戊辰戦争」』市立箱館博物館。

星　亮一、1998『二本松少年隊―物語と史蹟をたずねて―』成美堂出版。

星　亮一、2003『会津落城』中公新書。

北海道新聞、2010「忠霊塔・忠魂碑『守れない』」（八月一四付、夕刊）。

北海道新聞、2014「民の無念　今刻む」（八月一五日付、本庄彩芳・中川大介）。

北海道新聞、2015「神奈川大・今井昭彦さんに聞く　『靖国』と同時期創建　函館護国神社」（八月一六日付、中川大介）。

北海道新聞、2022「護国神社の成立を検証　今井昭彦著『「北鎮都市」札幌と戦没者慰霊』」（五月八日付、中村康則)。

堀田暁生、2019「下田織之助　最初の埋葬者にして謎の死—兵隊埋葬地はいかにしてできたのか—」小田編著『旧真田山陸軍墓地、墓標との対話』阿吽社。

堀幸一郎、2022「六月、土佐モヤモヤ日記」『福島自由人』三七号、北斗の会。

毎日新聞、2020「ルポ　忠霊塔建設、全国一の群馬県」(八月六日付、夕刊、伊藤智永)。

毎日新聞、2020「地域の『戦争意識』ひもとく」(八月一四日付、伊藤智永)。

毎日新聞「靖国」取材班、2007『靖国戦後秘史—A級戦犯を合祀した男—』毎日新聞社。

前澤和之、2021『上野国交替実録帳と古代社会』同成社。

前澤和之、2022『上野国交替実録帳を読む—千年前の県政白書—』みやま文庫。

前澤哲也、2004『日露戦争と群馬県民』喚乎堂。

前澤哲也、2009『帝国陸軍　高崎連隊の近代史　上巻　明治大正期』雄山閣。

前澤哲也、2009『帝国陸軍　高崎連隊の近代史　下巻　昭和期』雄山閣。

前澤哲也、2016『古来征戦幾人カ回ル—いくさに出れば、帰れないのだ—』あさを社。

巻島　隆、2006「幕末維新期の『新田家旧臣』による新田神社創建について」『ぐんま史料研究』二四号、群馬県立文書館。

巻島　隆、2015『江戸の飛脚—人と馬による情報通信使—』教育評論社。

巻島　隆、2016『桐生新町の時代—近世在郷村の織物と社会—』群馬出版センター。

巻島　隆、2022『上州の飛脚―運輸網、金融、情報―』みやま文庫。

巻島　隆、2021「新刊紹介　今井昭彦著『近代日本と高崎陸軍埋葬地』」『桐生史苑』六一号、桐生文化史談会。

巻島　隆、2022「新刊紹介　今井昭彦著『「北鎮都市」札幌と戦没者慰霊』」『桐生史苑』六一号、桐生文化史談会。

巻島　隆、2023「新刊紹介　今井昭彦著『幕末維新と国事殉難戦没者―江戸・水戸・上信越・京都などの事例から―』」『桐生史苑』六二号、桐生文化史談会。

松崎憲三、2004『現代供養論考―ヒト・モノ・動植物の慰霊―』慶友社。

松崎憲三編、1998『近代庶民生活の展開―くにの政策と民俗―』三一書房。

松永昌三・栗田尚弥他編、2021『郷土史大系　領域の歴史と国際関係（下）―近現代―』朝倉書店。

三土修平、2005『靖国問題の原点』日本評論社。

水戸史学会編、1993『改訂新版　水戸の道しるべ』展転社。

水戸市史編さん委員会編、1990『水戸市史　中巻　五』水戸市役所。

水戸市史編さん近現代専門部会編、1991『水戸市近現代年表』水戸市。

宮崎俊弥、2017『近代まえばし史話』一般社団法人前橋法人会。

宮崎十三八編、1991『会津戊辰戦争史料集』新人物往来社。

宮崎十三八・安岡昭男編、1994『幕末維新人名事典』新人物往来社。

宮地正人、2012『幕末維新期変革史　上』岩波書店。

宮地正人、2012『幕末維新期変革史　下』岩波書店。

宮本袈裟男・谷口　貢編著、2009『日本の民俗信仰』八千代出版。

村上興匡・西村　明編、2013『慰霊の系譜―死者を記憶する共同体―』森話社。

村上繁樹編著、2022『幕末勤王志士と神葬―洛東霊山・霊明神社の歴史―』ミネルヴァ書房。

村上重良、1970『国家神道』岩波新書。

村上重良、1974『慰霊と招魂―靖国の思想―』岩波新書。

村上泰賢、2010『小栗上野介―忘れられた悲劇の幕臣―』平凡社新書。

村上泰賢、2014「小栗上野介と会津」『季刊　会津人群像』二十六号、歴史春秋社。

村上泰賢編、2008『小栗忠順のすべて』新人物往来社。

村瀬隆彦、2008「志太郡関係日露戦争死没者について」『藤枝市史研究』九号、藤枝市。

村瀬隆彦、2009「日露戦争関連死者の木像・常昌院」静岡県戦争遺跡研究会『静岡県戦争遺跡を歩く』静岡新聞社。

村瀬隆彦、2009「静岡陸軍墓地の個人墓」同前。

村瀬隆彦、2020「図書紹介　今井昭彦氏『近代群馬と戦没者慰霊』」『静岡県近代史研究会会報』静岡県近代史研究会。

茂木明子編著、2022『柳田圀男のペン―書き入れにみる後代へのメッセージ―』慶友社。

本康宏史、2002『軍都の慰霊空間―国民統合と戦死者たち―』吉川弘文館。

本康宏史、2003「金沢陸軍墓地調査報告」新井・一ノ瀬編『国立歴史民俗博物館研究報告』一〇二集、歴博。

本康宏史、2003「慰霊のモニュメントと『銃後』社会」同前。

森　謙二、1993『墓と葬送の社会史』講談社現代新書。

森岡清美、1984『家の変貌と先祖の祭』日本基督教団出版局。

森岡清美、1987『近代の集落神社と国家統制』吉川弘文館。

森岡清美、1991『決死の世代と遺書』新地書房。

森岡清美、2002『日日新―森岡清美随想録―』私家版。

森岡清美、2011『若き特攻隊員と太平洋戦争』吉川弘文館。

森岡清美、2012『ある社会学者の自己形成―幾たびか嵐を越えて―』ミネルヴァ書房。

森岡清美、2016『真宗大谷派の革新運動―白川党・井上豊忠のライフヒストリー―』吉川弘文館。

森岡清美、2016『年譜・著作目録・再訂版』私家版。

森岡清美、2018『新版　真宗教団と「家」制度』法藏館。

森岡清美・今井昭彦、1982「国事殉難戦没者、とくに反政府軍戦死者の慰霊実態（調査報告）」『成城文藝』一〇二号、成城大学文芸学部。

森下　徹、2006「個人墓碑から忠霊塔へ」小田・横山他編著『陸軍墓地がかたる日本の戦争』ミネルヴァ書房。

森下　徹、2019「軍隊のいた町・信太山」大西　進・小林義孝（河内の戦争遺跡を語る会）編『地域と軍隊―おおさかの軍事・戦争遺跡―』山本書院グラフィックス出版部。

森下　徹、2022「和泉市信太山忠霊塔の保存について」『旧真田山陸軍墓地　研究年報』一〇号、旧真田山陸軍墓地とその保存を考える会。

八木橋伸浩、2022「カミサマになる選択肢」『玉川大学リベラルアーツ学部研究紀要』一五号、玉川大学リベラルアーツ学部。

靖國神社編、2007『故郷の護國神社と靖國神社』展転社。

山折哲雄監修、2004『日本宗教史年表』河出書房新社。

山形県の歴史散歩編集委員会編、2011『山形県の歴史散歩』山川出版社。

山田忠雄編、2001『街道の日本史一七　中山道―武州・西上州・東信州―』吉川弘文館。

山田雄司、2014『怨霊とは何か』中公新書。

八幡和郎、2004『江戸三〇〇藩　最後の藩主』光文社新書。

横山篤夫、2023『「英霊」の行方』阿吽社。

横山篤夫、2023『銃後の戦後』阿吽社。

吉田　裕、2002『日本の軍隊―兵士たちの近代史―』岩波書店。

吉田　裕、2012『現代歴史学と軍事史研究―その新たな可能性―』校倉書房。

吉田　裕編、2021『戦争と軍隊の政治社会史』大月書店。

読売新聞社福島支局編、2000『戊辰戦争は今』歴史春秋社。

歴史春秋社編、1994『会津白虎隊』歴史春秋社。

歴史春秋社編、1999『幕末会津藩』歴史春秋社。

『歴史読本』編集部編、2012『カメラが撮らえた会津戊辰戦争』新人物往来社。

渡辺春也、1985『理由なき奥州越戊辰戦争』敬文堂。

渡辺雅子、2007『現代日本新宗教論—入信過程と自己形成の視点から—』御茶の水書房。

渡辺雅子、2011『満州分村移民の昭和史—残留者なしの引揚げ　大分県大鶴開拓団—』彩流社。

渡辺れい、2018『維新の墓標—昔々北越戊辰戦争で—』新潟日報事業社。

人名索引

あ

い

う

え

お

か

き

く

こ

さ

し

す

せ

た

つ

て

と

な

に

の

は

ひ

ふ

へ

ほ

ま

み

め

も

や

事項索引

し

す

ち

つ

て

と

な

に

ね

は

ひ

ふ

へ

ほ

ま

み

む

め

も

や

ゆ

よ

り

ろ

わ

著者紹介

今井昭彦（いまい・あきひこ）

1955年　群馬県太田市生まれ
1983年　成城大学文芸学部文芸学科を経て
　　　　同大学大学院文学研究科日本常民文化専攻修士課程修了
　　　　埼玉の県立高等学校社会科教員となり、熊谷女子高等学校などに勤務
2005年　博士（文学）（総合研究大学院大学）
2006年　第14回石川薫記念地域文化賞「研究賞」受賞
　　　　専門は歴史学・社会学・民俗学
　　　　成城大学民俗学研究所研究員、国立歴史民俗博物館（歴博）共同研究員、
　　　　筑波大学・神奈川大学非常勤講師等を歴任
　　　　単著は『近代日本と戦死者祭祀』（東洋書林、2005年)、『反政府軍戦没者の慰霊』（御茶の水書房、2013年)、『対外戦争戦没者の慰霊――敗戦までの展開――』（御茶の水書房、2018年)、『近代群馬と戦没者慰霊』（御茶の水書房、2020年)、『近代日本と高崎陸軍埋葬地』（御茶の水書房、2021年)、『「北鎮都市」札幌と戦没者慰霊――護国神社の成立まで――』（御茶の水書房、2021年)、『幕末維新と国事殉難戦没者――江戸・水戸・上信越・京都などの事例から――』（御茶の水書房、2023年）
現　在　歴史家、放送大学群馬学習センター・群馬大学大学教育センター非常勤講師
　　　　群馬県邑楽郡大泉町文化財保護調査委員

関東《かんとう》·東北《とうほく》戊辰戦役《ぼしんせんえき》と国事《こくじ》殉難戦没者《じゅんなんせんぼつしゃ》
――上州《じょうしゅう》·野州《やしゅう》·白河《しらかわ》·二本松《にほんまつ》·会津《あいづ》などの事例《じれい》から――

2023年12月8日　第１版第１刷発行

著　者――今　井　昭　彦
発行者――橋　本　盛　作
発 行 所――株式会社 御茶の水書房
〒113-0033 東京都文京区本郷5-30-20
電話 03-5684-0751

Printed in Japan　　組版・印刷／製本・港北メディアサービス株式会社

ISBN978-4-275-02185-4　C3021

幕末維新と国事殉難戦没者
――江戸・水戸・上信越・京都などの事例から――
今井昭彦著　A5判・一八〇頁　価格二六〇〇円

「北鎮都市」札幌と戦没者慰霊
――護国神社の成立まで――
今井昭彦著　A5判・二四四頁　価格二六〇〇円

近代日本と高崎陸軍埋葬地
今井昭彦著　A5判・一五四頁　価格二四〇〇円

近代群馬と戦没者慰霊
今井昭彦著　菊判・三六六頁　価格六八〇〇円

対外戦争戦没者の慰霊
――敗戦までの展開――
今井昭彦著　菊判・五二八頁　価格八八〇〇円

反政府軍戦没者の慰霊
今井昭彦著　菊判・四七八頁　価格七六〇〇円

海外神社跡地の景観変容
――さまざまな現在――
中島三千男著　A5判・一二〇頁　価格一〇〇〇円

近代開拓村と神社
――旧会津藩士及び屯田兵の帰属意識の変遷――
遠藤由紀子著　菊判・三〇二頁　価格五六〇〇円

戦後日本の反戦・平和と「戦没者」
――遺族運動の展開と三好十郎の警鐘――
今井勇著　菊判・三五八頁　価格五〇〇〇円

幕末期武士／士族の思想と行為
――武人性と儒学の相生的素養とその転回――
竹村英二著　菊判・三七二頁　価格六八〇〇円

近世王権論と「正名」の転回史
大川真著　菊判・三一四頁　価格七六〇〇円

御茶の水書房
（価格は消費税抜き）